Viniversitaet
Kursbuch Wein

Beat Koelliker, Michael W. Pleitgen

Viniversitaet
Kursbuch Wein

Hallwag

Vorwort

Beim Wein fängt der Spaß sofort an! Wir müssen ihn nur einschenken, daran schnuppern, ihn probieren und genießen. Das ist das Schöne an diesem wunderbaren Getränk, und deshalb fangen auch alle Kurse der VINIVERSITAET dort an: beim Wein im Glas!

Wein ist unkompliziert. Vor dem ersten Schluck brauchen Sie nicht alles über Anbau, Ausbau, Winzer und Weinanbaugebiete zu wissen! Der Genuss stellt sich auch ohne ein. Und trotzdem ist es wie bei so vielen Dingen im Leben: je mehr ich weiß und je mehr Erfahrung ich sammle, desto mehr Spaß kann ich auch haben.

Wein ist Geschmackssache. Und das Schmecken kann man lernen. Wenn man einmal weiß, was dabei passiert, worauf es ankommt und wie man möglichst alles mitbekommt, beginnt der Wein noch mehr Freude zu machen. Deshalb ist unser Kursbuch in erster Linie eine Anleitung zum Probieren.

Im zweiten Schritt erfahren Sie – immer mit dem Glas in der Hand – viel über die wichtigsten Rebsorten, Anbaugebiete und Weinstile. Sie lernen Qualitäten zu unterscheiden und Weine einzuordnen. Beim nächsten Wein, der Ihnen begegnet, werden Sie bereits ein begründetes Urteil abgeben können.

Dieses Buch ist ein Arbeitsbuch. Zu jeder der neun Verkostungs-Runden gibt es einen Einkaufszettel, ergänzt durch Tipps, wo Sie die richtigen Weine kaufen, was sie in etwa kosten und mit welcher Temperatur man sie serviert. Kopiervorlagen für die Verkostungsbögen finden Sie am Ende des Buchs. Wein ist gesellig: Eine Verkostung macht noch mehr Spaß, wenn Sie sich Freunde dazu einladen und mit ihnen gemeinsam probieren. Nutzen Sie dazu die Vorlagen! Sie können aber auch direkt in das Buch hineinschreiben. Dafür ist es gedacht.

Vor jedem neuen Schritt machen Sie eine kleine Standortbestimmung. So können Sie das, was Sie bisher schon erfahren haben, auffrischen. Noch mehr Wissenswertes enthalten die Lese-Inseln, die wir eingefügt haben. Der bekannte Weinjournalist André Dominé schaut hier auf aktuelle Weinthemen.

Die VINIVERSITAET wurde 2001 von der HAWESKO Gruppe mit dem Ziel gegründet, Profis aus dem Weinhandel und der Gastronomie auszubilden und zu schulen. Aus dieser Initiative ist im Laufe der Jahre Deutschlands größte Weinschule geworden. Über 8000 Weinliebhaber besuchen Jahr für Jahr die Kurse und Veranstaltungen. Die wichtigsten Unternehmen der Weinbranche lassen Ihre Mitarbeiter hier ausbilden. Die VINIVERSITAET ist anerkanntes Trainings- und Prüfungscenter der weltweit größten und anerkanntesten Weinschule, des Wine and Spirit Education Trust in London.

Wir laden Sie recht herzlich ein, von dieser langjährigen Erfahrung zu profitieren. Vielleicht macht Ihnen unser Kursbuch Appetit auf mehr! Unser Kurs-Angebot finden Sie im Internet unter **www.viniversitaet.de**

Michael W. Pleitgen

Michael W. Pleitgen

Inhalt

DIE VORBEREITUNG *einer Verkostung*

WAS SIE WISSEN SOLLTEN, BEVOR SIE BEGINNEN

Vom Einkauf bis zur Bewertung

Eine erfolgreiche Verkostung benötigt nicht sehr viele Vorbereitungen. Einige Dinge sollten Sie aber wissen und beachten, um einen ungestörten, lehrreichen und gleichzeitig auch genussvollen Abend im Freundeskreis zu gestalten. Die wichtigsten Punkte haben wir hier zusammengestellt.

Einkaufen

Die Weine sollten Sie spätestens zwei bis drei Tage vor der Verkostung einkaufen, damit sie sich im Keller oder in einem kühlen Raum vom Stress dieser kleinen Reise erholen können. Bei jedem Wein ist angegeben, ob Sie ihn besser im Fachhandel besorgen oder ob Sie ihn in guter Qualität auch in einem Kaufhaus mit Weinabteilung oder sogar im Supermarkt finden. Achten Sie aber immer darauf, dass der Weinhändler die Weine fachgerecht lagert, das heißt liegend und nicht dem Sonnen- oder Neonlicht ausgesetzt aufbewahrt.

Übrigens braucht man zum Degustieren

keine großen Mengen. Eine Flasche eines Weins reicht für 15 bis 20 Personen.

Wache Sinne Wer Weine probiert, braucht aufmerksame und wache Sinne. Je entspannter und ausgeruhter der Verkoster zu Werke geht, desto besser. Auch seine Geruchs- und Geschmacksnerven sollten in guter Verfassung sein. Hat er kurz vor der Verkostung noch Kaffee oder Zigaretten konsumiert, so werden seine Sinneswahrnehmungen dadurch beeinträchtigt. Entsprechendes gilt für schwere Parfums oder Rasierwasser.

Der Raum Auch er sollte frei von starken Fremdgerüchen sein. Blumen sind zwar schön und duften oft herrlich, eine Verkostung können sie aber erheblich stören. Für die optische Beurteilung sind gutes Licht oder zumindest ein weißes Tischtuch sehr hilfreich.

Weintemperatur

Nichts kann den Charakter eines Weins so sehr verändern wie die falsche Temperatur. Wir haben bei jedem Wein die ideale Serviertemperatur angegeben, denken Sie vor der Weinprobe immer rechtzeitig daran, ihn auf diese Temperatur zu bringen. Sie liegt etwa ein bis zwei Grad unter der Trinktemperatur, da der Wein sich im Glas rasch erwärmt.

Folgende Methoden können Sie anwenden, um Wein relativ rasch zu kühlen oder zu erwärmen.

Tiefkühlfach: Der Wein wird darin pro Minute um 1 °C kühler.

Kübel mit Wasser und Eiswürfeln: Der Wein wird darin ebenfalls pro Minute um 1 °C kühler.

Kühlmanschette: Der Wein wird darin pro Minute um 1,5–2 °C kühler.

Handwarmes Wasserbad: Der Wein wird darin pro Minute 0,5 °C wärmer.

Ein Weinthermometer kann Ihnen beim Vorbereiten und Überprüfen der Weintemperatur gute Dienste leisten. Ganz nützlich ist es, damit einmal die Temperatur der Weine zu messen, wenn sie direkt aus Ihrem Keller oder aus dem Kühlschrank kommen. Je nach der gewünschten Serviertemperatur können Sie sie bis kurz vor dem Einschenken dort lassen, sie schon etwas früher in den Degustationsraum bringen, um sie um ein paar Grad zu erwärmen, oder in den Kühlschrank stellen, um sie zu kühlen. Sie sollten aus dieser Frage aber keine Wissenschaft machen.

Weinthermometer werden als Manschetten angeboten, die man um die Flasche legt oder als Stab, den man in die Flasche stecken kann. Die Manschette hat den Vorteil, dass die Flasche geschlossen bleiben kann, die Weintemperatur im Innern wird aber leicht von den angezeigten Graden abweichen. Der Stab dagegen misst die genaue Temperatur, allerdings muss man dazu die Flasche öffnen.

Korkenzieher und Öffnen der Flasche

Die Gestaltung von Korkenziehern ist ein beliebtes Hobby vieler Designer. Nichts dagegen einzuwenden, wenn die Funktionalität dabei nicht zu kurz kommt. Wichtig ist, dass sich die Spindel wie ein Ringelschwänzchen dreht, dadurch kann man sie in den Korken bohren, ohne ihn zu verletzen. Im Innern gefüllte Spindeln machen ein richtiges Loch in den Korken und reißen ihn dabei oftmals aus.

Und so gehen Sie vor: Entfernen Sie zuerst den oberen Teil der Kapsel, indem Sie sie deutlich unterhalb der Flaschenöffnung abschneiden, damit der Wein nicht mit dem Kapselrest in Berührung kommt. Reinigen Sie den Flaschenrand und die Oberfläche des Korkens mit einem Tuch. Setzen Sie den Korkenzieher genau in der Mitte an und drehen ihn in den Korken. Dann ziehen Sie den Korken ohne Ruck und Plopp gleichmäßig heraus. Reinigen Sie den Flaschenrand nochmals. Und das war's auch schon.

Dekantieren, ja oder nein ?

Alte Rotweine bilden in der Flasche oft eine Ablagerung, die man Depot nennt. Wenn man diese Weine vorsichtig in eine Karaffe umgießt, kann man sie sauber davon trennen. Am besten stellt man eine Kerze oder Lampe unter den Flaschenhals, dann sieht man beim Gießen genau, wann der Wein trüb wird. Jüngere Rotweine werden ebenfalls oft dekantiert, weil sie durch den Kontakt mit der Luft ganz entscheidend gewinnen können. Deshalb darf man sie auch richtig sprudelnd umgießen und den Wein dann offen zwei bis drei Stunden stehen lassen. Weißweine werden in der Regel nicht dekantiert.

Gläser und wie man einschenkt

Die Wahl eines geeigneten Glases ist ebenfalls von großer Bedeutung. Seine Form und Größe beeinflussen den Eindruck, den der Duft des Weins hinterlässt. Das ideale Glas sollte ungeschliffen, dünnwandig und groß genug sein, um den Wein darin zu schwenken. Der Kelch sollte sich nach oben hin verjüngen. Ideal ist das genormte „INAO-Verkostungsglas“, das professionelle Verkoster verwenden. Der französische Gesetzgeber schreibt dieses Glas für alle offiziellen Verkostungen vor. Es wird im Regelwerk des Institut National des Appellations d'Origine (INAO) detailliert beschrieben.

Für unsere Zwecke genügt aber ein normales tulpenförmiges Weißweinglas. Wir können es sowohl für die Weißweine als auch für die Rotweine benutzen, und selbst für die Verkostung von Schaum- und Süßweinen ist dieses Glas ohne weiteres geeignet.

Wer mehrere Weine parallel miteinander vergleichen will, sollte unbedingt identische Glastypen verwenden, denn Weine riechen in verschiedenen Gläsern selbst dann unterschiedlich, wenn sie gleich schmecken.

Im Idealfall hat also jeder Teilnehmer so viele dieser Gläser vor sich stehen, wie Weine verkostet werden. Da Sie selbst wohl nicht so viele Gläser im Schrank haben, bitten Sie Ihre Gäste am besten, eigene Gläser von zu Hause mitzubringen. Das Glas wird knapp bis zur breitesten Stelle, das heißt etwa 2 bis 3 cm hoch gefüllt. So bleibt genug Raum für das Schwenken. Der Verkoster hält das Glas am Stiel, so kann er den Wein schwenken und aus verschiedenen Neigungswinkeln betrachten. Wer es am Kelch fasst, verdeckt den Wein, erwärmt ihn und verschmutzt das Glas.

Blindverkostung

Am meisten lernt man, wenn man die Weine ohne jedes Vorwissen blind verkostet. So lässt sich niemand vom Namen des Weingutes oder dem Etikett beeinflussen.

INAO-Verkostungsglas.

Verhüllen Sie die Flaschen also vor der Verkostung, mischen sie etwas durch und nummerieren sie nach dem Zufallsprinzip. Wenn in einer Verkostung sowohl rote als auch weiße Weine probiert werden, sollten Sie dies auf den Verhüllungen markieren. Eine andere Möglichkeit: Bitten Sie eine unbeteiligte Drittperson, die Weine einzukaufen und auch gleich entsprechend vorzubereiten.
Einige Ideen, wie man das praktisch machen kann, sehen Sie auf der Abbildung rechts (mit Papiertüte, einem Din-A4-Blatt, Alufolie oder einer hübschen Socke).

Wasser und Brot

Unsere „Nase“ und unser „Gaumen“ ermüden beim Verkosten recht schnell. Wenn wir ihnen zwischendurch mit einem Schluck Wasser und einem Stück Weißbrot etwas Erholung gönnen, sind sie aber schnell wieder bei der Sache.

Tischset

Auf einem Din-A4-Blatt markieren wir Kreise für unsere Gläser. So kommt es in der Hitze des Gefechts zu keinen Verwechslungen. Diese Blätter sollten weiß sein, damit Sie vor diesem hellen Hintergrund die Farbe des Weins unverfälscht beurteilen können.

Arbeitsblätter

Für jede Verkostung sind Arbeitsblätter vorgesehen und an den jeweiligen Stellen im Buch abgedruckt. Für mehrere Teilnehmer kopieren Sie diese in ausreichender Menge. Wenn Sie die Weinprobe jedoch allein machen möchten, können Sie die Fragen auch auf der Vorlage im Buch beantworten. So wird dieses zu Ihrem ganz persönlichen Degustationstagebuch. Wenn Sie dasselbe Blatt für mehrere Weine verwenden (beispielsweise bei der vergleichenden Verkostung von drei Weißweinen), teilen Sie jedem Wein einfach eine eigene Farbe zu und schreiben in derselben Farbe in das Arbeitsblatt.

Tischset mit nummerierten Kreisen für alle Weine.

Was man sonst noch braucht

Einen Kübel zum Ausgießen der Weinreste und klares Wasser, damit man die Gläser zwischendurch spülen kann.

Was geschieht mit geöffneten Flaschen?

Wein ist zum Trinken da, also bleiben Sie nach der Anstrengung der „offiziellen“ Verkostung am besten mit Ihren Freunden zusammen, essen gemeinsam zu Abend und trinken dazu die Flaschen leer.
Nicht leer getrunkene Flaschen können Sie aber auch mit einem Korken wieder verschließen und kühl (auch Rotweine) ein bis zwei Tage aufbewahren.

EIN ERSTER RUNDGANG *durch die Welt des Weins*

ERSTE ERFAHRUNGEN MIT DEM WEIN

Probieren, erfahren, bewerten

In dieser ersten Annäherung an den Wein geht es noch nicht darum, einen bestimmten Aspekt des unerschöpflichen Themas herauszugreifen und zu vertiefen. Dieses erste Kapitel ist vielmehr als „Aufwärmrunde“ gedacht: Ein erster Rundgang durch die Welt des Weins soll den Blick auf das Ganze öffnen und die Themen in Grundzügen anklingen lassen, auf die wir später ausführlicher zurückkommen werden. Diese Runde ist also eine Art Menükarte, in der Sie ausgebreitet sehen, was Sie mit diesem Buch alles erfahren, genießen und lernen können. Gehen Sie also ganz entspannt ans Werk, Sie werden sich heute sicher mehr Fragen stellen als Antworten erhalten. Und bestimmt neugierig werden, und das genau ist das Ziel dieses ersten Spaziergangs durch die Welt des Weins.

Aller Anfang ist schwer? Keinesfalls, Sie werden sich gleich ein Glas einschenken, und dann geht alles wie von selbst!

DIE SHOPPING-TOUR

Kaufen Sie für dieses Tasting folgende 5 Weine ein:

Weiß

1. Pinot grigio aus dem Friaul. Meiden Sie die Billigweine aus dem Supermarkt. Fachhandel oder Kaufhaus. 5–7 Euro müssen Sie investieren. Serviertemperatur: 6–8 °C.

2. Grauburgunder aus der Pfalz oder aus Baden. Fachhandel, Kaufhaus oder Winzer. Diese Weine sind vielleicht 1–2 Euro teurer als der Pinot grigio. Serviertemperatur: 8–10 °C.

3. Chardonnay aus Kalifornien, der im Eichenholzfass ausgebaut wurde. Auf dem Etikett sollte eine entsprechende Angabe (*barrel* oder *oak*) stehen. Fachhandel oder Kaufhaus mit Beratung. Ab etwa 10 Euro können Sie fündig werden. Serviertemperatur: 8–10 °C.

Rot

4. Beaujolais-Villages. Achten Sie darauf, dass wirklich Beaujolais-Villages auf dem Etikett steht. Fachhandel oder Kaufhaus. Ab 7 Euro. Serviertemperatur: 12–14 °C.

5. Rioja Crianza oder noch besser **Rioja Reserva.** Der Wein sollte mindestens fünf Jahre alt sein. Fachhandel oder Kaufhaus. Von etwa 8 Euro an aufwärts für die einfachere Crianza, und für die Reserva ab etwa 14 Euro. Serviertemperatur: 16–18 °C.

1. Die erste Annäherung an den Wein im Glas

ERSTE VERKOSTUNGSRUNDE

Arbeitsblatt für die Weine 1–5

Unser Gesprächspartner ist immer der Wein im Glas. Zuerst schenken wir uns die drei Weißweine ein und beurteilen sie nach den unten stehenden Kriterien. Danach machen wir das Gleiche mit den Rotweinen.

	Wein 1	Wein 2	Wein 3	Wein 4	Wein 5
Welcher Wein hat die hellere Farbe?					
Welcher Wein riecht kräftiger?					
Welcher Wein ist der körperreichere?					
Welcher Wein ist der weichere?					
Welcher Wein hat mehr Säure?					
Gibt es einen Wein, der intensiv nach Vanille oder Karamell duftet?					

2. Wir lernen die Sprache des Weins

WEIN SYSTEMATISCH VERKOSTEN

Betrachten, riechen, schmecken

Nun wollen wir versuchen, die spontanen Sinneseindrücke, die die drei Weine in uns geweckt haben, systematisch zu ordnen. Gleichzeitig lernen wir dabei in Grundzügen, wie man sich einem Wein methodisch nähert, um ihn zu beschreiben und zu bewerten. Ein besonderes Talent brauchen Sie dazu nicht. Nötig dafür sind allein Ruhe, Neugier, eine systematische Vorgehensweise und vor allem möglichst viel Übung.

Der Wein spricht zu uns über drei Sinnesorgane: Auge, Nase und Gaumen. Er schenkt uns auf diesem Weg nicht nur Freude und Genuss, sondern vermittelt uns auch eine Vielzahl wichtiger und nützlicher Informationen, die Rückschlüsse auf seinen Charakter, seine Qualität und sein Entwicklungsstadium erlauben. Das ist die Sprache des Weins. Was er uns damit alles mitteilen kann, werden wir im vierten Kapitel (S. 58) näher untersuchen, das ganz der Vertiefung der Weindegustation gewidmet ist und uns damit ins Zentrum der Weinkennerschaft führt. Hier geht es vorerst nur darum, mit System zu beobachten und zu beschreiben.

Auge

Klarheit Glanz und Klarheit verraten uns viel über die Gesundheit des Weins. Prüfen Sie, ob er klar und rein strahlt oder ob er leicht getrübt wirkt. Ziehen vielleicht sogar seltsame Schlieren durchs Glas?

Farbton Im Farbton spiegeln sich die Rebsorte, die geografische Herkunft und insbesondere das Reifestadium des Weins. Weißweine können in allen Zwischentönen strahlen – von einem kühlfrischen Grüngelb über warmes Gold bis zu dunklem Bernstein, Rotweine von fast blauem Violett über leuchtendes Rubin bis zu braunem Ziegelrot. Die Farbpalette für Weiß- und Rotweine in der vorderen Buchklappe kann Ihnen einige Anhaltspunkte geben.

Farbtiefe Wein kann wasserhell sein oder fast undurchdringlich schwarz. Wenn wir das Glas vor einem hellen Hintergrund leicht neigen, sehen wir, wie die Farbe des Weins vom Rand gegen das Zentrum hin immer intensiver wird. Das ist die Farbtiefe. In der Mitte sieht man bei schweren Rotweinen den Finger kaum noch, den man unter dem Glas bewegt. Auch die Farbtiefe gibt uns eine Fülle von Informationen über die Herkunft, die Rebsorte und den Reifegrad des Weins.

Nase

Schwenken Sie den Wein im Glas. Geübte Weinkenner können das freihändig in der Luft ohne die Tischnachbarn zu gefährden. Sie können das Glas aber auch auf dem Tisch stehend in kreisende Bewegung versetzen, damit erreichen Sie das gleiche Ziel mit etwas kontrollierterem Risiko: Sie benetzen die Wände des Glases und setzen damit mehr Aromastoffe frei. Jetzt dürfen Sie Ihre Nase „arbeiten“ lassen. Stecken Sie sie ins Glas, schließen Sie die Augen und geben Sie sich den Düften des Weins hin. Wenn Sie intensiv an ihm geschnuppert haben, versuchen Sie auf folgende Punkte zu achten:

Reintönigkeit Duftet der Wein rein und sauber, oder stören irgendwelche Fremdgerüche, stinkt der Wein im Glas vielleicht sogar?

Intensität Wie intensiv ist der Duft? Riecht

der Wein schwach oder nach fast gar nichts, oder hüllt er uns in eine wahre Duftwolke?

Aromaausprägung Hier geht es um den eigentlichen Duft des Weins. Nach was riecht er, haben Sie ähnliche Düfte schon einmal kennen gelernt, erinnert er Sie an etwas? Profis können Dutzende von verschiedenen Aromen im Duft eines Weins erkennen und identifizieren. Wir werden uns diesem wichtigen Thema im 4. Kapitel (S. 58) ausführlich zuwenden. Hier genügt es, wenn Sie Ihre spontanen Einfälle zu benennen versuchen und untereinander austauschen. Vielleicht versuchen Sie eine erste Unterscheidung in die großen Kategorien fruchtig, blumig, pflanzlich/vegetativ, würzig.

Gaumen

Im Vergleich zur Nase ist unser Gaumen eher dumm. Die Nase kann mehrere tausend Düfte unterscheiden, die Zunge aber nur gerade mal vier „Geschmäcker“: süß, sauer, salzig und bitter. Dafür kann sie den Wein auch fühlen, sie spürt ihn, wenn er in den Mund fließt, merkt, wie er sich darin breit macht und wie er langsam wieder daraus verschwindet.

Auftakt Beginnen wir mit dem ersten Eindruck im Mund. Er kann weich und fast süß sein oder aber spritzig, und manchmal reitet er sogar eine richtig scharfe Attacke auf unsere Geschmacksknospen.

Süße Weine ohne jeden Restzucker nennt man knochentrocken. Die meisten Weine enthalten jedoch noch ein wenig Zucker aus den Trauben, der bei der Vergärung nicht in Alkohol umgewandelt wurde. Wir empfinden sie deshalb aber noch nicht als süß, sondern nur als etwas weicher. Wenn man die Süße deutlich schmeckt, sind wir meist schon im Bereich der lieblichen oder süßen Weine.

Säure Wenn Sie an einen grünen Apfel denken, so spüren Sie ein leichtes Ziehen hinten im Mund an den Zungenrändern, und ihr Speichel beginnt zu fließen. Das ist das Gefühl, das die Säure in unserem Mund auslöst. Suchen Sie nun nach der Säure im Wein. Löst sie ein ähnliches Gefühl aus? Wie stark ist es? Ist die Säure also niedrig oder hoch?

Gerbstoff Gerbstoffe oder Tannine ziehen die Mundschleimhäute zusammen und machen den Mund leicht pelzig und trocken. Rotweine sind meist mehr oder weniger durch sie geprägt. In jungen Rotweinen sind sie oft noch hart und aggressiv. Mit der Reife werden sie weich und bilden einen wichtigen Bestandteil der Komplexität des Weins.

Körper Unter Körper versteht man ganz allgemein den Eindruck von Fülle, den der Wein im Mund hinterlässt. Man vergleicht ihn da-

Die Weinfarbe immer vor einem hellen Untergrund prüfen.

bei oft mit einem menschlichen Körper und benutzt für seine Beschreibung Adjektive wie leicht, mager, dünn, schlank, muskulös, fett oder voll.

Abgang Der Abgang ist der Nachhall des Weins am Gaumen, nachdem wir ihn geschluckt haben. Der Abgang kann kurz sein oder lang. Ein langer Abgang bringt nicht nur Genuss, er ist meist ein zuverlässiger Hinweis auf die Qualität des Weins.

Qualität

Alle diese Eindrücke, die wir mit Auge, Nase und Gaumen sammeln, ergeben ein Gesamtbild. Bei einem guten Wein stehen sie in einem harmonischen Gleichgewicht, indem sich die einzelnen Komponenten gegenseitig ausbalancieren. Tritt eine dieser Komponenten aber unangenehm in den Vordergrund, so ist diese Harmonie gestört, und wir empfinden den Wein als unausgewogen und unsere Freude ist getrübt.

SYSTEMATISCHE VERKOSTUNG

Nachdem wir nun zuerst die Weißen, dann die Roten miteinander verglichen haben, schauen wir uns die einzelnen Weine etwas genauer an. Versuchen Sie nun die fünf Weine (immer noch blind) mit Hilfe des Arbeitsblatts zu beschreiben und zu beurteilen.

WEINVERKOSTUNG

▸ *Für die Weine 1–5*

Weinbezeichnung: **Rebsorte(n):** **Jahrgang:** **Preis:**

Klarheit: ☐ klar ☐ trüb Intensität: ☐ blass ☐ tief

weiß: ☐ grüngelb ☐ hellgelb ☐ goldgelb rosé: ☐ himbeer ☐ lachs rot: ☐ purpur ☐ rubin ☐ rotbraun

Bemerkungen: (z. B. Kirchenfenster/Rand-Kernzone)

Reintönigkeit: ☐ ja ☐ nein Intensität: ☐ dezent ☐ mittel ☐ intensiv

Aromaausprägung: ☐ fruchtig ☐ blumig ☐ pflanzlich/vegetativ ☐ würzig

Aromaspektrum:

Auftakt: ☐ weich ☐ spritzig Süße: ☐ trocken ☐ süß

Gerbstoffe: ☐ dezent ☐ deutlich ☐ dominant Körper: ☐ leicht ☐ mittel ☐ voll

Abgang: ☐ kurz ☐ mittel ☐ lang Kohlensäure: ☐ unangenehm/grob ☐ angenehm/erfrischend

Qualität: ☐ fehlerhaft ☐ gut ☐ sehr gut ☐ hervorragend Lagerfähigkeit: ☐ jetzt trinken ☐ lagern ___ Jahre

Bemerkungen:

3. Das Etikett, der Personalausweis des Weins

WELCHE INFORMATIONEN MAN DARAUF FINDEN KANN

Angaben in der EU und der Neuen Welt

Viele Etiketten sind kleine Kunstwerke und erfreuen den Weinliebhaber mit ihrer grafischen Gestaltung. Vor allem aber sind sie eine wichtige Informationsquelle über den Wein, der sich dahinter verbirgt. Allerdings weisen Weinetiketten nicht selten eine verwirrende Vielfalt von Bezeichnungen, Abkürzungen und Nummerncodes auf, die für den Konsumenten nur schwer durchschaubar sind und oft auch wenig Rückschlüsse auf Qualität und Stil eines Weins erlauben. Es ist deshalb entscheidend, sich einige Grundkenntnisse über diese Angaben zu erwerben, denn nur so kann man ohne Beratung beurteilen, welche Bedeutung und Aussagekraft die einzelnen Angaben tatsächlich besitzen.

In der EU

In der EU müssen folgende Angaben obligatorisch auf jedem Weinetikett stehen: Anbaugebiet, gesetzlich definierte Qualitätsstufe, Inhalt (in Litern), Alkoholgehalt (in Vol.-%), Produzent oder Abfüller. Informationen über Jahrgang, Lage, Rebsorte oder Geschmack sind erlaubt, aber nicht vorgeschrieben. Was bedeuten diese Angaben aber nun im Detail und im Klartext?

Anbaugebiete Während auf der untersten Qualitätsstufe der Tafel- und Landweine nur das Land oder die Großregionen angegeben werden müssen, gelten für die höhere Stufe der Qualitätsweine je nach Land unterschiedliche, aber immer sehr genaue gesetzliche Vorschriften über das Anbaugebiet (fr. *origine*, it. *origine*, sp. *origen*). Diese lernen wir bei den Ländervorschriften über die Qualitätsweine näher kennen.

Erzeuger und Abfüller Diese Angabe besagt, ob der Wein auf dem Weingut selbst abgefüllt wurde oder nicht. Steht „Erzeugerabfüllung“ auf dem Etikett, so bedeutet das, dass der Wein auf dem Weingut, das ihn aus eigenem Lesegut verarbeitet hat, auch abgefüllt wurde.

Rebsorte Diese Angabe ist in der EU nicht obligatorisch. Steht sie aber auf dem Etikett, so muss der Wein zu mindestens 85 % aus dieser Sorte gekeltert worden sein.

Inhalt Diese Angabe ist in allen Ländern der EU obligatorisch.

Die Qualitätstufen Sämtliche Weine der EU-Länder sowie die der meisten künftigen Mitgliedsstaaten sind in zwei große Kategorien eingeteilt:
Die Tafelweine und die Qualitätsweine.

Tafelweine Auch bei den Tafelweinen werden nochmals zwei Stufen unterschieden, die eigentlichen Tafelweine und die etwas höherwertigen Landweine. Die Tafelweine in diesem engeren Sinn müssen nur minimalen Qualitätsanforderungen genügen.
Die nächsthöhere Stufe bietet mit den *Landweinen* Produkte, deren Qualität in der Regel deutlich besser ist. In dieser Stufe findet man Weine von gutem Alltagsniveau, teilweise aber auch Spitzenerzeugnisse, die nur deshalb keinen höheren Status erlangen, weil ihre Rebsortenzusammensetzung nicht den Vorschriften entspricht, die für einen Qualitätswein gelten.

Qualitätsweine Während sich die Bezeichnungen innerhalb der Tafelweinkategorie in den wichtigsten Weinbauländern meist sehr ähneln (siehe Tabelle S. 16), weist die Qualitätsweinkategorie größere Unterschiede auf:

QUALITÄTSSTUFEN

EG-Gesetz	Deutschland	Frankreich	Italien	Spanien	Andere Länder (außer EG)
Qualitätswein	Qualitätswein mit Prädikat	Appellation d'Origine Contrôlée (AOC)	Denominazione di Origine Controllata e Garantita (DOCG)	Denominación de Origen Calificada (DOCa)	Australien Einführung eines Bezeichnungsrechts nach europäischem Vorbild Chile Weitgehend ungeregelt Südafrika Wine of Origin (WO) Freiwillige Regelung
	Qualitätswein bestimmter Anbaugebiete	Vin Délimité de Qualité Supérieure (VDQS)	Denominazione di Origine Controllata (DOC)	Denominación de Origen (DO)	
Tafelwein	Landwein	Vin de Pays	Indicazione Geografica Tipica (IGT)	Vino de la Tierra	
	Tafelwein	Vin de Table	Vino da Tavola	Vino de Mesa	

Qualitätsweine in Frankreich In Frankreich wird die untere Stufe der Qualitätsweine als „Vin Délimité de Qualité Supérieure" (VDQS) bezeichnet. Sie ist mengenmäßig kaum von Bedeutung.

Weitaus wichtiger sind die Weine mit der Bezeichnung „Appellation d'Origine Contrôlée" (AOC). Eine AOC bezieht sich stets auf ein fest umgrenztes Anbaugebiet (z.B. Bordeaux). Ein Anbaugebiet kann mehrere Subregionen und Gemeinden aufweisen, die dann ebenfalls AOC-Status genießen. Als Faustregel gilt: Je spezifischer die Appellation bezeichnet ist, desto höher sind die Qualitätsanforderungen an den Wein. Beispiel: Haut-Médoc ist eine Subregion des Bordeaux-Anbaugebiets. Wein mit der Bezeichnung „Appellation Haut-Médoc Contrôlée" ist hochwertiger als einer der „Appellation Bordeaux Contrôlée". Wein der „Appellation Pauillac Contrôlée" ist noch hochwertiger, weil Pauillac eine Gemeinde innerhalb des Haut-Médoc ist, also eine spezifischere Herkunftsbezeichnung und noch höhere Qualitätsanforderungen aufweist.

Qualitätsweine in Deutschland In Deutschland wird zwischen Qualitätsweinen bestimmter Anbaugebiete (QbA) und Qualitätsweinen mit Prädikat (QmP) unterschieden.

QbA-Weine bilden die Basis der Qualitätspyramide. Sie müssen zu 100 % aus einem der 13 deutschen Anbaugebiete stammen. Die höherwertigen QmP-Weine dagegen werden mit einem Prädikat ausgezeichnet, das sich nach dem Reifegrad (d. h. nach dem Zuckergehalt) der Trauben richtet. In aufsteigender Reihenfolge heißen diese Prädikate:

- *Kabinett* Feine, leichte Weine aus reifen Trauben mit geringem Alkoholgehalt.
- *Spätlese* Reife, elegante Weine mit feiner

DIE QUALITÄTSPYRAMIDE DES DEUTSCHEN WEINS

RICHTLINIEN FÜR DEUTSCHE WEINETIKETTEN

■ **Obligatorische Angaben** ■ **Fakultative Angaben**

Frucht. Die Ernte darf frühestens sieben Tage nach Beginn der allgemeinen Lese stattfinden.

- *Auslese* Edle Weine aus vollreifen Trauben. Unreife Beeren werden ausgesondert.
- *Beerenauslese* Volle, fruchtige Weine aus überreifen, edelfaulen Trauben.
- *Trockenbeerenauslese* Hergestellt aus rosinenartig geschrumpften, edelfaulen Beeren.
- *Sonderfall Eiswein* Die Trauben müssen bei Lese und Kelter gefroren sein. Das Mostgewicht des Weins entspricht mindestens dem der Beerenauslese.

Qualitätsweine in Österreich In Österreich entsprechen die Vorschriften etwa denen Deutschlands, mit dem wichtigen Unterschied, dass hier die Kabinettweine noch nicht zu den Prädikatsweinen gezählt werden.

Qualitätsweine in Italien In Italien lautet die untere Qualitätsweinstufe „Denominazione di Origine Controllata“ (DOC). Sie umfasst Hunderte von Anbaugebieten verschiedenster Größe und damit das Gros der italienischen Qualitätsweine. Darüber stehen die Weine mit der höchsten Qualitätsbezeichnung, „Denominazione di Origine Controllata e Garantita“ (DOCG). Für sie gelten strengere Kontrollen und Vorschriften. Sie müssen über oder unter der Verschlusskapsel einen nummerierten amtlichen Kontrollstreifen tragen. Es gibt nur ca. 25 Anbaugebiete dieser höchsten Bezeichnung. Dazu gehören z. B. Chianti in der Toskana oder die Gemeinde Barolo im Piemont.

Qualitätsweine in Spanien Spanien hat mit den Bezeichnungen „Denominación de Origen“ (DO) und „Denominación de Origen Calificada“ (DOCa) sehr ähnliche Bezeichnungen wie Italien. Zur höchsten Stufe DOCa gehören nur zwei Anbaugebiete: das international bekannte Rioja sowie das Priorat.

ANDERE WEINETIKETTEN DER EU IM VERGLEICH

In der Neuen Welt

Anders als in der EU weisen die Weine der Neuen Welt keine so strikt festgelegten Qualitätsbezeichnungen auf. Teils befinden sich entsprechende Verordnungen in Arbeit, teils wird die Notwendigkeit gesetzlich definierter Qualitätsstufen nicht gesehen. So ist die Qualität eines Weins häufig mit dem Renommee des Winzers oder mit der Anzahl der gewonnenen Trophäen auf Großverkostungen verbunden. Das weitgehende Fehlen gesetzlicher Qualitätsstufen sollte jedoch keinesfalls zu der Annahme verleiten, überseeische Weine seien im Vergleich zu EU-Weinen minderwertig.

Die Weinrebe, Gattung Vitis, ist über die gesamte nördliche Hemisphäre verbreitet. Selbst im kalten Alaska ist sie anzutreffen. Doch nur eine ihrer zahlreichen Arten ist geeignet, wohlschmeckende Weine von überzeugender Qualität hervorzubringen: Vitis vinifera. Ihr gehören alle wichtigen Rebsorten an. Wo auf der Welt wachsen nun diese Weine? Unser Globus wird umspannt von zwei Rebgürteln, die sich um je einen Teil der nördlichen und der südlichen Hemisphäre ziehen. Wein wird zwischen dem 30. und 50. Grad nördlicher und dem 30. und 50. Grad südlicher Breite angebaut. Innerhalb dieser beiden Rebgürtel befinden sich wichtige Weinbaugebiete in

- Kalifornien, Mittel-, Süd- und Südosteuropa, Nordafrika und China
- Chile, Argentinien, Südafrika, Australien und Neuseeland.

Alle diese Gebiete liegen in gemäßigten Klimazonen, womit sie wesentliche klimatische Voraussetzungen erfüllen, die für den Anbau hochwertigen Rebguts erforderlich sind.

PRAXIS ETIKETTEN LESEN

▶ *Decken Sie die Etiketten der verkosteten Weine auf*

Versuchen Sie die Angaben auf den Etiketten zu entschlüsseln

Aus welchem Land kommt der Wein? Finden Sie Anbaugebiet, Weinort und Lage?

Wie heißt der Erzeuger, wie der Abfüller, sind sie identisch?

Aus welchem Jahrgang stammt der Wein?

Aus welcher Rebsorte wurde der Wein gekeltert?

Welche Qualitätsstufe hat der Wein? Was bedeutet sie?

Wieviel Wein ist in der Flasche?

Wie hoch ist der Alkoholgehalt?

Schauen Sie sich anschließend auf der kleinen Weltkarte der Weinregionen (S. 20) die Herkunftsgebiete der eben verkosteten Weine an.

4. Ein Blick in die Weingeografie

DIE REBE ALS GLOBAL PLAYER

Europa und die Neue Welt

Auch wenn die ersten Trauben vielleicht irgendwo im vorderen Orient zu Wein verarbeitet wurden, so liegt der Ursprung unserer Weinkultur doch im Europa der Griechen und Römer sowie in den Ländern, die direkt von ihnen gelernt haben: Italien, Frankreich und Spanien. Alle drei können auf eine eigene Weinbautradition von über 2500 Jahren zurückblicken. Hier liegt auch heute noch der Schwerpunkt des Weinbaus auf der Welt: In Frankreich wachsen wohl immer noch Weine, an deren Stil und Qualität die Kellermeister der ganzen Welt Maß nehmen.
Italien hat mit seiner hohen Kreativität in den letzten Jahren zu diesem Standard aufgeschlossen und kann zudem für sich in Anspruch nehmen, dass auf seinem Boden schon Weinstöcke standen, als die Gallier noch Bier tranken.
Spanien seinerseits besitzt auch heute noch die weltweit größte Rebfläche, erreicht allerdings nur Platz drei im Produktionsvolumen. Der Grund: Die Pflanzabstände zwischen den Reben sind groß, der Ertrag also geringer; die Reben Spaniens haben ein sehr hohes Durchschnittsalter und sind dadurch weniger produktiv. Allein aus diesen drei Ländern fließt mehr als die Hälfte des jährlich welt-

WEINREGIONEN DER WELT

In Spanien – hier in Navarra – pflanzen die Winzer die Reben mit großem Abstand.

weit produzierten Weins. Deutschland folgt mit 10 Mio. Hektolitern Wein erst auf Platz sechs der Rangliste. Hier wird im ganzen Land „nur“ etwa so viel Wein erzeugt wie im Bordelais.

In der Neuen Welt

Seit dem Zeitalter der Entdeckungen hat sich die europäische Kultur und Zivilisation über die Grenzen Europas hinaus ausgebreitet und in ihrem Gepäck immer auch die Weinrebe mitgeführt. So dehnte sich der Weinbau in der gemäßigten Klimazone über die ganze Erde in einem Gürtel zwischen dem 30. und 50. Grad nördlicher und südlicher Breite aus. Innerhalb dieses Gürtels wachsen Reben auf jedem Kontinent und in fast jedem Land.

Waren es ursprünglich die Auswanderer und Eroberer, die Wein anpflanzten, so sind es heute die Weinliebhaber auf der ganzen Welt, die nach neuen Regionen mit interessanten Böden und klimatischen Verhältnissen suchen, um Weine zu produzieren, die der bunten Palette des Universums Wein noch einige neue Farben hinzufügen. Dadurch hat sich der Reichtum an Weinstilen in den letzten 40 Jahren wohl stärker vermehrt als in den ganzen zwei Jahrtausenden zuvor. Viele dieser Länder haben in dieser Zeit eine ganz eigene und von ihren europäischen Wurzeln unabhängige Weinbautradition aufbauen und entwickeln können.

5. Wovon der Wein erzählt

DIE SECHS EINFLUSSFAKTOREN AUF STIL UND QUALITÄT

Was bei der Weinherstellung entscheidend ist

Die Rebe ist ein lebendiges Wesen, das sensibel und mitteilsam auf die feinsten Botschaften aus ihrer Umwelt reagiert. Im Saft der Trauben speichert sie den ganzen Schatz an Erfahrungen, die ihre Wurzeln im Boden und ihre oberirdischen Teile in Sonne und Regen, Hitze und Kälte gesammelt haben. Diese Einflüsse der Natur und die Fürsorge des Winzers in Weinberg und Keller prägen den Wein, mit dem wir schließlich im Glas in Kontakt treten.

Vom Klima

Das Klima ist ein erster wichtiger Einflussfaktor auf die Qualität und den Stil eines Weins. Unabdingbar ist, dass die Rebe während der Wachstumsperiode von April bis Oktober mit ausreichend Wärme, Sonnenschein und Feuchtigkeit versorgt wird. Mindeststandards sind:

- 1600 jährliche Sonnenstunden
- 10 °C mittlere Jahrestemperatur
- 600 mm Niederschlag

Die klimatische Vielfalt innerhalb der beiden Rebgürtel (siehe Karte S. 20) ist beträchtlich. In den nördlich oder südlich zu den Polen hin liegenden Anbauregionen lässt die oft kühle und feuchte Witterung die Trauben nicht immer zur optimalen Reife kommen. Das andere Extrem bilden die heißen, trockenen Länder, wo das Lesegut bei zu viel Hitze und zu wenig Niederschlägen überreif und säurearm gerät.

Generell unterscheidet man zwischen so genannten Hot- und Cool-Climate-Gebieten. Zu Ersteren zählen etwa Südspanien, Sizilien oder Teile Australiens, wo die Trauben aufgrund intensiver Sonneneinstrahlung und hoher Temperaturen besonders große Mengen Zucker produzieren. Dies führt zu üppigen, intensiv fruchtigen und alkoholstarken Weinen. Klassische Cool-Climate-Regionen dagegen sind beispielsweise der Rheingau, das Elsass oder Neuseeland, wo geringere Zuckergehalte zu verzeichnen sind. Hier geraten die Weine leichter, filigraner. Welchen dieser beiden Weintypen der Konsument bevorzugt, ist eine Frage des persönlichen Geschmacks.

Vom Wetter

Während das Klima in einem Land oder einer Region im Prinzip immer gleich bleibt, kann das Wetter von Jahr zu Jahr variieren – mit entsprechenden Folgen für die Qualität der Trauben. So konnten etwa in Bordeaux im kühlen, verregneten Sommer des Jahres 1992 die Trauben nicht richtig reif werden, was relativ dünne, säurereiche Rotweine zur Folge hatte. Drei Jahre später, 1995, sah es völlig anders aus: Ein besonders warmer

PRAXIS WEINBAUGEBIETE

Welche der verkosteten Weine stammen aus einem Cool- oder Hot-Climat-Gebiet? Versuchen Sie den Einfluss dieses Faktors auf den Stil des Weins zu beschreiben.

Sommer ließ das Lesegut voll ausreifen und ermöglichte einen ausgezeichneten Bordeaux-Jahrgang. Besonders deutlich kann man den Einfluss des Wetters auf den Weinstil am Beispiel des Sommers 2003 in Deutschland erkennen: Seit Beginn der Temperaturerfassung wurden niemals derartige Spitzenwerte gemessen. Die monatelange Hitzewelle sorgte für so geringe Säurewerte in den Trauben, dass hierzulande bei der Weinbereitung erstmals die Zugabe von Säure gestattet wurde – eine Maßnahme, die sonst nur in besonders heißen Gebieten wie Südaustralien üblich ist!

Vom Boden

Grundsätzlich kann die Weinrebe auf jedem Boden wachsen. Anders als die meisten landwirtschaftlichen Nutzpflanzen ist sie in der Lage, sich auch schwierigsten Bodenverhältnissen anzupassen.
Vielfach gedeihen Rebstöcke auf steinigen, kargen, nährstoffarmen Oberböden sogar besonders gut: Zum einen übernehmen steinige Böden eine wichtige Funktion als Wärmespeicher, was speziell in kühlen Regionen wie an der Mosel oder in der Champagne die Traubenreife begünstigt. Zum anderen zwingt ein nährstoffarmer Oberboden die Wurzeln, in tiefere Erdschichten vorzudringen, wo besonders wertvolle Mineralien und Nährstoffe anzutreffen sind. Beides sind Voraussetzungen für die Entwicklung hochwertiger Trauben.

Von seiner Rebsorte

Die Rebsorte nimmt ganz entscheidenden Einfluss auf Geschmack, Stil und Qualität eines Weins. Jede Rebsorte hat ihre eigenen geschmacklichen Besonderheiten. So wie ein Boskoop-Apfel anders schmeckt als ein Golden Delicious, so schmeckt eben ein Riesling anders als ein Chardonnay oder Muscadet.

Karger Schieferboden im Roussillon, Frankreich.

Unter den hunderten kommerziell bedeutsamer Rebsorten gelten einige als so genannte Edelreben, weil sie hinsichtlich Duft und Geschmack besonders charakterstark und daher unverwechselbar sind.
Nicht überall gedeihen alle Rebsorten gleich gut. So gibt es Reben, die auch bei kühlem Klima gute Ergebnisse bringen, sich aber für heiße Klimazonen nicht eignen, und umgekehrt. Ein guter, erfolgreicher Winzer muss für seinen Standort die Rebsorte wählen, die qualitativ und quantitativ ein überzeugendes Ergebnis bringt. Und deren Weine sich zudem noch gut am Markt verkaufen lassen.

Von der Arbeit des Winzers im Weinberg

Je nachdem, wie der Winzer seine Reben behandelt, beeinflusst er damit Stil und Qualität der späteren Weine. Aus der Vielzahl von Maßnahmen seien hier nur die beiden wichtigsten herausgegriffen.

Ertragsbegrenzung Die wohl wichtigste Maßnahme zur Qualitätssteigerung ist die Ertragsbegrenzung. Das gezielte Herausschneiden von Trieben hat zur Folge, dass sich nur eine begrenzte Zahl von Trauben am Weinstock bilden wird. Da sich auf diese wenigen Trauben dann alle der Pflanze zur Verfügung stehenden Zucker, Säuren und Mineralstoffe verteilen, sind sie oft von besonders hoher Qualität.

Lesezeitpunkt Die Wahl des Lesezeitpunkts ist wichtig für den Weinstil: Erntet der Winzer zu einem frühen Zeitpunkt, an dem die Säurewerte noch hoch und die Zuckerwerte noch niedrig sind, resultiert daraus meist ein spritziger, leichter Wein. Bei später Lese weist das Rebgut mehr Zucker und weniger Säure auf, sodass daraus vollmundigere, körperreichere Weine entstehen.

Für welche Maßnahmen sich der Winzer auch entscheidet, er muss sich darüber klar sein, dass er bereits im Weinberg die Basis für das Ge- oder Misslingen des späteren Weins legt. Denn der Wein wird nur so gut werden, wie es die Qualität des Rebguts zulässt. Selbst ein guter Kellermeister vermag aus schlechtem Rebgut keinen guten Wein zu machen.

Von der Arbeit im Weinkeller

Auch im Hinblick auf die Umwandlung der Trauben in Wein, die man Vinifikation nennt, existiert eine Vielzahl unterschiedlicher Einflussmöglichkeiten. Wir werden in den beiden Verkostungsrunden, die dem Weißwein und dem Rotwein gewidmet sind, ausführlich darauf eingehen. In diesem ersten Rundgang sollen aber einige Stichworte schon einmal die Vielzahl der kellertechnischen Möglichkeiten andeuten, die dem Kellermeister heute zur Verfügung stehen:

Gärtemperatur Durch „kühle Gärung“ können aromatischere, frischere und spritzigere Weißweine erzeugt werden als bei höheren Temperaturen.

Vorzeitiger Gärstopp Durch Filtrierung des Mosts kann der Kellermeister dafür sorgen, dass nicht der gesamte Zucker zu Alkohol umgewandelt wird. Dies führt zu weicheren und süßeren Weinen mit niedrigem Alkoholgehalt.

Maischestandzeit Die Dauer des Kontakts zwischen Most (Traubensaft) und Beerenhäuten (Schalen) entscheidet über die Farbintensität und den Gerbstoffgehalt von Rotweinen.

Ausbau und Reife Ein Stahltank ist geruchs- und geschmacksneutral und schützt vor schä-

Handlese bei Achkarren, Baden.

digendem Sauerstoffeinfluss, wohingegen ein Holzfass Aromen an den Wein abgibt, ihm Würze verleiht und eine vor allem bei Rotwein erwünschte wohl dosierte Sauerstoffzufuhr ermöglicht.
Einige Winzer, insbesondere die *Wine maker* der Neuen Welt vertreten die Auffassung, die Funktion des Kellermeisters sei noch wichtiger als die Funktion des Winzers. Dies hat zu einer oft hitzigen, manchmal sogar erbitterten Debatte über Terroir (Klima, Boden, Rebsorte, Winzer) versus Kellertechnik geführt.

Der Tresterhut wird immer wieder unter den Most gemischt.

Von Geschichte, Tradition und Stil

Alle diese beschriebenen Einflussfaktoren geben zusammen noch keine Erklärung für das, was wir die Seele oder die Persönlichkeit eines Weins nennen. Sie mögen Teilaspekte erfassen, und doch liegt das, was ihn eigentlich auszeichnet und für uns so anziehend macht, noch etwas tiefer begründet – in der Geschichte und Tradition einer Weinregion und im persönlichen Stilwillen des Winzers.

Geschichte Jede Region ist von ihrer Geschichte geprägt. Wenn sie an Handelsstraßen oder in der Nähe reicher Zentren liegt, waren ihre Entfaltungsmöglichkeiten vielfältiger als in abgelegenen und armen Gebieten. Fürsten oder Klöster haben Einfluss genommen, Entdeckungen und Erfindungen haben sich ausgewirkt. Die Champagne, Burgund oder der Rheingau sind durch ihre Geschichte ganz unterschiedlich geprägt worden. Ihre Weine erzählen davon.

Tradition Bis in die neueste Zeit hinein hat der Sohn sein Handwerk vom Vater gelernt. Und dieser gab nur weiter, was er selbst von seinem Vater an Wissen und Erfahrung übernommen hatte. So bildeten sich in den einzelnen Regionen Traditionen heraus. Die Beaujolais-Winzer keltern ihre Weine anders als ihre Nachbarn an der Côte d'Or, die in Montalcino anders als die von Montepulciano aus derselben Region, der Toskana.

Stilwille Und zuletzt ist es immer auch der ganz persönliche Geschmack und Stilwille eines Winzers, der seinem Wein einen oft sehr prägnanten Stempel aufdrückt. Wenn man einen Winzer kennt, kann man oft feststellen, dass sich sein Charakter durchaus im Wein widerspiegelt – seine Liebenswürdigkeit oder seine Strenge, seine Ungeduld oder seine Fähigkeit, auch der Zeit ihr Recht zu lassen.

Neu angelegter Weinberg an der Mosel.

DIE ARBEIT IM WEINBERG

Von der Pflege bis zur Lese

► *von André Dominé*

GANZ GLEICH in welchem Weinland der Welt Sie einen guten Winzer fragen, wo die Qualität seines Weins entsteht, ob im Weinberg oder im Weinkeller, wird er Ihnen antworten: „Vorrangig im Weinberg." Viele gehen sogar so weit, diese Bedeutung zu beziffern: „Zu 80 % im Weinberg, zu 20 % im Keller." Dieses Verhältnis schlägt sich auch beim Arbeitsaufwand nieder, je besser der angestrebte Wein werden soll, umso mehr Einsatz wird im Weinberg erbracht.

Auch wenn die Arbeiten auf den Vegetationszyklus der Rebe abgestimmt sind, muss der Winzer über eine weiter reichende Perspektive verfügen, denn er hat es nicht mit einer einjährigen, sondern einer mehrjährigen Pflanze zu tun. Je nach Sorte, Klima, Bodenbeschaffenheit und Pflege kann eine Rebe 20, 30, 50, 80, 100, 120 Jahre alt werden. In Burgund sind Pinot-noir-Stöcke im reifen Mannesalter keine Seltenheit, in Australien tragen noch 100-jährige Shiraz-Greise Frucht. Weltweit liegt das Durchschnittsalter einer Rebe allerdings eher bei 30 Jahren.

Verschiedene Faktoren wirken sich auf die Arbeit im Weinberg aus und verlangen nach Praktiken, die ihnen gemäß sind. In einem feuchten Klima muss anders vorgegangen werden als in einem trockenen, bei schwereren Böden anders als bei leichten, in Steillagen anders als auf flachen Parzellen. Entscheidend ist aber die Wahl der Bearbeitungsmethode.

Wem es in erster Linie um möglichst geringe Arbeitskosten geht, der wird chemische Mittel gegen Unkraut, Pilzkrankheiten und Schädlinge einsetzen und Kunstdünger ausbringen. Kommt es dem Winzer auf einen lebendigen Boden und Pflanzen an, die sich in einem Gleichgewicht mit ihrer Umwelt befinden, wird er biologisch oder biodynamisch vorgehen und jeglichen Einsatz von Chemie unterlassen. Viele Erzeuger bewegen sich heute zwischen diesen beiden Methoden und folgen der integrierten Produktion. Sie suchen den Einsatz chemischer Mittel zu reduzieren und bearbeiten ihre Weinberge mechanisch. Eingegriffen werden muss in jedem Fall, denn Wein ist eine Monokultur, und je nach Klima oder Witterung treten zwangsläufig Krankheiten oder/ und Schädlinge auf.

Wenn die Blätter im Spätherbst fallen, beginnt das Jahr des Winzers mit dem Schnitt. Die Rebe ist eine Liane, die ihre Triebe so lang wie möglich vorantreibt, wenn man sie nicht daran hindert.

Die auf Dauer abzielenden Arbeiten im Weinberg gelten in erster Linie dem Boden. Im Frühjahr oder/und im Herbst werden die Zwischenzeilen gepflügt, um den Boden zu lockern. Gern wird mit Begrünung gearbeitet, wo dies sinnvoll ist. Entweder sät man sie als Gründünger aus und pflügt sie im Frühjahr unter oder man lässt sie als Dauerbegrünung in jeder zweiten Zeile – im jährlichen Wechsel – wachsen, die mehrmals übers Jahr gemäht werden muss. Sie dient zugleich einer besseren Befahrbarkeit der Rebflächen.

Wenn die Blätter im Spätherbst fallen, beginnt das Jahr des Winzers mit dem Schnitt. Die Rebe ist eine Liane, die ihre Triebe so lang wie möglich vorantreibt, wenn man sie nicht daran hindert. Das bezweckt der Rebschnitt, der jeden Stock auf eine gewünschte

An steilen Lagen ist die Weinlese Schwerstarbeit.

Anzahl an Augen oder Knospen reduziert. Aus jedem Auge entsteht ein Trieb, und jeder Trieb vermag bis zu drei Trauben zu entwickeln. Auf diese Weise bestimmt der Winzer den möglichen Ertrag, aber auch dessen Qualität im Voraus. Denn jeder Rebstock bildet nur ein gewisses Potenzial an Zucker sowie an Farb-, Aroma- und Gerbstoffen aus, das an die Trauben abgegeben werden kann. Je höher die angestrebte Lesemenge, desto geringer der Anteil der einzelnen Traube an den Qualität bedingenden Inhaltsstoffen. Außerdem kann ein zu großer Behang die Fruchtreife gefährden und der Rebe zu viele Reserven entziehen. Wäre der Schnitt zu radikal, würde der Stock seine Kraft in übermäßigem Wuchs ausdrücken und nicht in optimalem Fruchtansatz. Deshalb zeigt sich bereits hier, bei der längsten und aufwändigsten Arbeit, die noch dazu zur unwirtlichsten Jahreszeit, nämlich in Europa zwischen November und April, stattfindet, worauf der Winzer hinauswill.

Gleich im Anschluss an den Schnitt wird der Winzer Spaliere, Pflöcke und Drähte in seinen Rebanlagen ausbessern. Sobald im Frühjahr die Knospen aufbrechen und sich die ersten Blätter entfalten, muss er in Aktion treten, um die Pflanzen gegen Pilzerkrankungen zu schützen: vor allem zu Beginn der Vegetationsperiode und bei Hochdruckwetterlagen gegen Echten und bei Feuchtigkeit und Regen gegen Falschen Mehltau, die Peronospora. Was auch immer für Krankheiten drohen, er wird spritzen oder pulverisieren müssen, je nach Einstellung seltener oder häufiger mit chemischen bzw. mit natürlichen Mitteln.

Jetzt entfaltet der Rebstock sein Wachstum mit Macht, und die Reiser wollen befestigt werden, sofern man die Reben an Drahtrahmen erzieht, was mehr und mehr der Fall ist. Dies ist auch die Zeit, überflüssige Triebe zu entfernen. Bald müssen die Triebe erneut mit Spalierdraht hochgebunden oder untergeschlagen werden, und in vielen Regionen wird man sie später stutzen, um das Wachstum zu bremsen.

Die Weinlese stellt den Höhepunkt des Winzerjahres dar, zumal dann, wenn sie per Hand stattfindet und Lesehelfer über Tage gemeinsam ernten.

Kurz nachdem sich die ersten Blätter geöffnet haben, zeigt sich schon der Traubenansatz, der je nach den Bedingungen des Vorjahres stärker oder schwächer ausfällt. In Europa stellt sich zwischen Mitte Mai und Mitte Juni die Blüte ein, nach der sich die Beeren auszubilden beginnen. In der Regel benötigen sie rund 100 Tage, um zu reifen. Kurz bevor die Traubenfärbung einsetzt – bei weißen Sorten werden die Beeren durchsichtig –, ist es insbesondere bei roten Sorten sinnvoll, den Behang zu überprüfen und eventuell durch Ausdünnen oder grüne Lese zu reduzieren, um später farbintensive und gehaltvolle Weine erzeugen zu können. Nach der Traubenfärbung beginnt die Reifephase, in der die Pflanze ihren Stoffwechsel ganz auf ihre Früchte ausrichtet. Um eine gute Belüftung zu gewährleisten und dadurch die Gefahr von Fäulnisbefall zu reduzieren, entfernen gewissenhafte Winzer vor allem in feuchteren Regionen die Blätter um die Trauben ganz oder teilweise.

Die Weinlese stellt den Höhepunkt des Winzerjahres dar, zumal dann, wenn sie per Hand stattfindet und Lesehelfer über Tage gemeinsam ernten. Dabei bietet die Handlese mehrere Vorzüge. Mit ihr können die Trauben unbeschädigt eingebracht und – falls notwendig – bereits im Weinberg aussortiert werden. Für eine Ganztraubenpressung ist sie unerlässlich. Ihre Nachteile bestehen in den hohen Kosten und der Langsamkeit. Diese beiden Aspekte sprechen für die Lesemaschine. Mit ihr kann der Winzer die Ernte mit wenig Personal einfahren, wesentlich schneller und sogar nachts bei kühleren Temperaturen. Doch die Trauben werden immer abgebeert (und bisweilen beschädigt), was die Möglichkeiten im Keller begrenzt. Dort, wo Erzeuger mit mehreren Sorten und topographisch unterschiedlichen Parzellen arbeiten, kann sich die Weinlese über Wochen erstrecken, in denen der Winzer fortwährend mit der Sorge um die optimale Reife der Lese im Weinberg und die Qualität der sich entwickelnden Weine im Keller leben muss.

DIE SIEBEN KLASSISCHEN *Rebsorten*

BÜHNE FREI FÜR DIE STARS

▶ *Weiße und rote internationale Reben*

Wein wird aus Trauben bereitet, deshalb ist es nur logisch, dass wir uns in einem eigenen Kapitel den Früchten zuwenden, durch die das Thema Wein erst möglich wird.

Die Weinwelt weist mit tausenden unterschiedlicher Rebsorten eine immense Vielfalt auf. Die meisten dieser Rebsorten sind allerdings weitgehend unbekannt und von nur lokaler Bedeutung.

Die Zahl der international gefragten Rebsorten ist dagegen durchaus überschaubar. In dieser zweiten Gruppe kristallisieren sich drei weiße und vier rote Sorten heraus, die aufgrund ihrer überragenden Qualität Liebhaber auf der ganzen Welt gefunden haben. Diese sieben Global Player werden wir in dieser Verkostungsrunde kennen lernen.

Wenn Ihnen sieben Weine für einen Abend zu viel sind, scheuen Sie sich nicht, das Thema Rebsorten auf zwei Abende zu verteilen und einmal die weißen und beim nächsten Mal die roten Weine zu probieren.

DIE SHOPPING-TOUR

Kaufen Sie für dieses Tasting folgende 7 Weine ein:

Weiß

1. **Riesling Kabinett** von der Mosel, Fachhandel oder Kaufhaus. Vielleicht sogar direkt vom Winzer. Kosten: 8–10 Euro. Serviertemperatur: 8–10 °C.
2. **Chardonnay** aus Australien mit Holzausbau. Fachhandel oder Kaufhaus. Er kostet etwa 8 Euro. Serviertemperatur: 10–12 °C.
3. **Sauvignon blanc** aus Neuseeland, am besten aus der Region Marlborough/Blenheim im Norden der Südinsel. Fachhandel. Er kostet ebenfalls um die 10 Euro. Serviertemperatur: 8–10 °C.

Rot

4. **Spätburgunder** aus Baden (Kaiserstuhl oder Tuniberg). Fachhandel oder beim Winzer einkaufen. Für einen guten Wein müssen Sie 12–15 Euro ausgeben. Serviertemperatur: 12–14 °C.
5. **Merlot** aus dem Friaul, dem Trentino oder aus dem Veneto. Fachhandel. Er kostet etwa 5–8 Euro. Serviertemperatur: 14–16 °C.
6. **Cabernet Sauvignon** aus Südfrankreich. Fachhandel oder Kaufhaus. Die Flasche kostet zwischen 5 und 10 Euro. Serviertemperatur: 16–18 °C.
7. **Shiraz** aus Australien (Barossa oder Hunter Valley). Fachhandel. Kostet etwa 12–15 Euro. Serviertemperatur: 16–18 °C.

1. Eine kleine Standortbestimmung

UND NUN FOLGT DIE PROBE AUFS EXEMPEL

Systematisch verkosten? Da war doch was!

SELBSTTEST DEGUSTATION

In der ersten Verkostungsrunde haben wir unter anderem einen ersten Einblick in die Technik des Degustierens gewonnen. Das neu erworbene Wissen wollen wir in diesem Kapitel anwenden, um einige wichtige Rebsorten kennen zu lernen. Bevor wir aber mit der Praxis beginnen, vergegenwärtigen wir uns in diesem Selbsttest anhand einiger Fragen nochmals das genaue Vorgehen bei einer Verkostung. Die Lösungen zu den Fragen finden Sie in der Klappe des Buchs oder – natürlich etwas ausführlicher – im vorherigen Kapitel:

Wie war das mit dem Auge?
Welche drei Elemente kann es erkennen/prüfen?

Was erkennt die Nase?

Welche Aspekte stehen im Mittelpunkt der Geschmacksprüfung?

PRAXIS DEGUSTATION

Schenken Sie die Weine 1 und 2 ein und verkosten Sie sie blind.

Beurteilen Sie die beiden Weine nach Auge, Nase und Gaumen mit Hilfe des Formulars. Wir verwenden dieses Formular immer wieder, und Sie können es auch für Ihre eigenen Verkostungen benutzen. Versuchen Sie möglichst viele der angeführten Kriterien zu beurteilen, auch wenn Sie erst mit den nächsten Verkostungsrunden und mit der zunehmenden Erfahrung die notwendige Sicherheit gewinnen werden.

DER DRITTE WEISSWEIN

Schenken Sie den Wein Nummer 3 ein und versuchen Sie die folgenden Fragen zu beantworten:

Tendiert er in seinem Gesamteindruck mehr zu Wein 1 oder 2?

Können Sie Ihre Antwort auch durch die Notizen auf Ihrem Formular begründen?

Decken Sie die drei Weine auf und lassen Sie sich durch die Angaben auf dem Etikett überraschen. Welche Einflussfaktoren könnten für die Unterschiede und Gemeinsamkeiten verantwortlich sein?

WEINVERKOSTUNG

▶ *Für die Weine 1–3*

Weinbezeichnung: **Rebsorte(n):** **Jahrgang:** **Preis:**

Klarheit: ☐ klar ☐ trüb Intensität: ☐ blass ☐ tief

weiß: ☐ grüngelb ☐ hellgelb ☐ goldgelb rosé: ☐ himbeer ☐ lachs rot: ☐ purpur ☐ rubin ☐ rotbraun

Bemerkungen: (z. B. Kirchenfenster/Rand-Kernzone)

Reintönigkeit: ☐ ja ☐ nein Intensität: ☐ dezent ☐ mittel ☐ intensiv

Aromaausprägung: ☐ fruchtig ☐ blumig ☐ pflanzlich/vegetativ ☐ würzig

Aromaspektrum:

Auftakt: ☐ weich ☐ spritzig Süße: ☐ trocken ☐ süß

Gerbstoffe: ☐ dezent ☐ deutlich ☐ dominant Körper: ☐ leicht ☐ mittel ☐ voll

Abgang: ☐ kurz ☐ mittel ☐ lang Kohlensäure: ☐ unangenehm/grob ☐ angenehm/erfrischend

Qualität: ☐ fehlerhaft ☐ gut ☐ sehr gut ☐ hervorragend Lagerfähigkeit: ☐ jetzt trinken ☐ lagern___Jahre

Bemerkungen:

2. Die drei wichtigsten weißen Rebsorten

WISSENWERTES ÜBER HERKUNFT, CHARAKTER UND EIGENSCHAFTEN

Riesling, Sauvignon blanc und Chardonnay

Nun haben Sie im Selbsttest die drei Weine analysiert und ihre Eigenarten und Charakteristiken mit allen Ihren Sinne zu verstehen versucht. Wie bei einem Menschen kann man die ganze Persönlichkeit eines Weins aber erst erfassen, wenn man mehr über seine Geschichte und Herkunft weiß. Der wohl bedeutendste Weinautor der Gegenwart, Hugh Johnson, hat einmal geschrieben: „Es sind die Wissbegierigen, die den meisten Genuss am Wein haben." Diesem Genuss sollen die folgenden Hinweise dienen.

Riesling

Er ist unbestritten der König der deutschen Weinberge. Aber auch international gilt Riesling als eine der edelsten weißen Rebsorten. Er ist leicht im Alkoholgehalt, erfrischend, reich an fruchtiger Säure, und – was ihn besonders auszeichnet – er zeigt immer ganz deutlich den Stempel seiner Herkunft. Von Weinberg zu Weinberg ändert sich seine Persönlichkeit und sein Ausdruck. Weinkenner können sich an diesen vielen Facetten seines Charakters immer wieder neu begeistern. Im Gegensatz zu Wein aus den meisten anderen weißen Rebsorten kann sich Wein aus der Riesling-Traube dank seiner Säure jahrzehntelang in der Flasche entfalten und gewinnt dabei zusätzlich an Komplexität.

Riesling ist in kühlem Klima in seinem Element; in warmen Regionen bringt er meist nur überreife Trauben und daraus flaue Weine hervor. In den kühlen Regionen von Mosel-Saar-Ruwer, Rheingau oder Elsass entfaltet der spät reifende Riesling aber subtile, charaktervolle Aromen, die nicht selten

Riesling.

an Pfirsiche, Äpfel und Aprikosen, aber auch an Blüten erinnern. Darüber hinaus ist Riesling wie kaum eine andere Rebsorte in der Lage, Eigenschaften des Bodens, auf dem er wächst, über die Wurzeln in die Reben und damit in den Wein zu transportieren.

Riesling – in Europa neben Deutschland und dem Elsass auch in Österreich heimisch – fasst inzwischen in der Neuen Welt zunehmend Fuß. Auch hier sind es die kühleren Gebiete wie etwa Oregon und Washington State in den USA, die Südinsel Neuseelands und einige Cool-Climate-Gebiete Austra-

liens, so zum Beispiel im Eden Valley und im Clare Valley, wo er prächtig gedeiht.
Die Popularität des Riesling wächst, wovon sich besonders die Winzer in Deutschland, der klassischen Heimat dieser Sorte, wachsende Absatzchancen versprechen.

Sauvignon blanc

Sauvignon blanc ist überall in der Weinwelt anzutreffen und erbringt sehr aromatische, charaktervolle Weine, die ebenso wie Riesling reich an erfrischender Säure sind.
Angestammte Heimat des französischen Sauvignon ist die obere Loire, wo insbesondere in Sancerre und Pouilly-Fumé trockene und körperreiche Weißweine erzeugt werden.
Das Aroma des Sauvignon erinnert häufig an Stachelbeeren, aber auch Aromen von Gras, Brennnesseln und Holunderblüten sind typisch.
Außer an der Loire wächst Sauvignon blanc vor allem auch im Bordelais und im Languedoc. Der immer besser werdende Bordeaux Blanc ist meist ein Verschnitt aus Sauvignon und Sémillon, kann aber auch zu 100 % aus der einen oder anderen Traube gewonnen werden. Die großen Süßweine aus Sauternes und Barsac enthalten ebenfalls einen namhaften Anteil an Sauvignon blanc. Sehr beliebt ist er seit einigen Jahren auch im warmen Südwesten des Landes, wo es allerdings nicht ganz einfach ist, seine duftige Frische zu erhalten.
Neben Frankreich gelten mit Spanien und Italien auch die beiden anderen großen Weinbauländer Europas als Heimat des Sauvignon. In Deutschland ist er kaum anzutreffen, weil mit dem Riesling dort bereits eine Rebsorte existiert, die sehr erfolgreiche, frische und säurebetonte Weine hervorbringt.
In der Neuen Welt konnte sich Neuseeland mit seinem kräuterigen, vom Duft tropischer Früchte getragenen Sauvignon blanc große Reputation erwerben. Dagegen hat Kalifornien mit dem Fumé blanc seinen eigenen Sauvignon-blanc-Stil kreiert. Er wird, wie an der Loire auch, sortenrein, das heißt unverschnitten, erzeugt und ebenso wie viele weiße Bordeaux-Weine im Barrique gereift.

Chardonnay.

Chardonnay

Chardonnay ist wohl die bekannteste aller Rebsorten. Seine Heimat ist das französische Spitzenanbaugebiet Burgund, wo er seit Jahrhunderten Höchstleistungen bringt. Paradebeispiele dieser Leistungsfähigkeit sind der frische Chablis aus dem Norden Burgunds und die Weine von der Côte d'Or auf der anderen Seite der Region. Während die Chablis-Weine durch stahlige Säure, leichten Körper und finessenreiche Eleganz hervortreten, handelt es sich bei den großen Weinen der Côte d'Or meist um körperreiche Weißweine mit maßvoller Säure, viel Tiefgang und fast immer mit einer deutlichen Barrique-Note. Die großen Weine der Côte d'Or zählen zum Feinsten, was die Weißweinwelt zu bieten hat.

Beide Chardonnay-Stile standen Pate für zahlreiche Nachahmungen in aller Welt.

Viele Winzer Österreichs, aber auch Südtirols stellen die klare reine Fruchtigkeit des Chardonnay in den Vordergrund und verzichten völlig auf Holzeinsatz. Demgegenüber warten etliche Betriebe in Spanien oder im französischen Languedoc mit kraftvollen Chardonnays auf, die deutlich vom Eichenholzfass geprägt sind.

Die südfranzösischen Produzenten orientieren sich dagegen weniger an der burgundischen Côte d'Or als an den seit Jahren höchst erfolgreichen Chardonnays der Neuen Welt. Mit breitem, überwältigendem Charme, relativ viel Volumenprozent Alkohol, wenig Säure, schmelziger Frucht und würzigem Barrique-Charakter kommt der Exportschlager der Neuen Welt dem Geschmack vieler Weinfreunde entgegen. Dieser Weinstil wurde so erfolgreich, dass der Name Chardonnay dem Publikum sogar vertrauter wurde als alle noch so berühmten Weine, die seit Jahrhunderten dieser Traube zu verdanken sind, also Chablis oder Montrachet an der Côte d'Or.

In Deutschland ist diese beliebte Rebe eher unbedeutend, was daran liegen mag, dass mit dem Weißburgunder eine Rebsorte kultiviert wird, die dem Chardonnay recht ähnlich und hier bereits seit Generationen etabliert ist.

STECKBRIEFE

	Riesling	Sauvignon blanc	Chardonnay
Aromaspektrum	blumig, Pfirsich, reife Birnen, Aprikose	Holunder, Cassis/Stachelbeere, grüne Brennnessel	reife Birne, exotische Früchte, Honig
Weintypen	frisch-fruchtig, von dezent bis aromatisch	fruchtig, aromatisch	weniger fruchtbetont
Süße/Säure	deutlicher Säureakzent	säurebetont	dezent
Körper/Fülle	leicht bis mittel	mittel bis kräftig	eher ausgeprägt, kräftig
Anbauregionen/ Topweine	Deutschland, Elsass, Österreich, Neuseeland	Loire-Tal, Bordeaux, Neuseeland, Kalifornien	Burgund, Australien, Kalifornien, Champagne
Passende Speisen	Fisch und Geflügel	Klassiker zu Austern und Fisch	Lachs, Fisch und Geflügel mit Sauce

3. Die vier wichtigsten roten Rebsorten

WISSENWERTES ÜBER HERKUNFT, CHARAKTER UND EIGENSCHAFTEN

Merlot, Pinot noir, Cabernet Sauvignon, Syrah

Nun gehen wir zu den Rotweinen über und verkosten sie wie die Weißweine. Das Ziel ist wiederum etwas Praxis in der Technik des Verkostens zu gewinnen und dabei die vier wichtigsten roten Rebsorten in ihrer Eigenart kennen und verstehen zu lernen.

Schenken Sie die Weine 4, 5, 6 und 7 ein und beurteilen Sie sie mit dem Verkostungsblatt. Versuchen Sie die Weine auch untereinander zu vergleichen: Welcher ist am fruchtigsten, am würzigsten, am „holzigsten“, am weichsten, welcher hat die meiste Säure?

Decken Sie die Weine anschließend auf, lesen Sie das Etikett und schauen Sie sich die Herkunft auf der Karte (S. 20) an.
Vielleicht ergeben sich daraus Hinweise, die uns den besonderen Charakter der verkosteten Weine besser verstehen lassen. Stammen sie aus Europa oder der Neuen Welt, aus einem eher kühlen oder heißen Klima? Die Beschreibungen der Rebsorten geben Ihnen Hinweise und Antworten auf diese Fragen.

WEINVERKOSTUNG

Für die Weine 4–7

Weinbezeichnung: **Rebsorte(n):** **Jahrgang:** **Preis:**

Klarheit: ☐ klar ☐ trüb Intensität: ☐ blass ☐ tief

weiß: ☐ grüngelb ☐ hellgelb ☐ goldgelb rosé: ☐ himbeer ☐ lachs rot: ☐ purpur ☐ rubin ☐ rotbraun

Bemerkungen: (z. B. Kirchenfenster/Rand-Kernzone)

Reintönigkeit: ☐ ja ☐ nein Intensität: ☐ dezent ☐ mittel ☐ intensiv

Aromaausprägung: ☐ fruchtig ☐ blumig ☐ pflanzlich/vegetativ ☐ würzig

Aromaspektrum:

Auftakt: ☐ weich ☐ spritzig Süße: ☐ trocken ☐ süß

Gerbstoffe: ☐ dezent ☐ deutlich ☐ dominant Körper: ☐ leicht ☐ mittel ☐ voll

Abgang: ☐ kurz ☐ mittel ☐ lang Kohlensäure: ☐ unangenehm/grob ☐ angenehm/erfrischend

Qualität: ☐ fehlerhaft ☐ gut ☐ sehr gut ☐ hervorragend Lagerfähigkeit: ☐ jetzt trinken ☐ lagern___Jahre

Bemerkungen:

Merlot

Der Merlot stammt wie der Cabernet Sauvignon aus dem Bordelais, wo er sogar mit Abstand die meistangebaute Rebsorte überhaupt ist. Die beiden Rebsorten konkurrieren aber nicht miteinander, sondern ergänzen sich im Gegenteil in mehrfacher Hinsicht. Der Grund dafür liegt einmal im unterschiedlichen Zeitpunkt der Reife: der Cabernet braucht etwa zwei Wochen länger als der Merlot, um voll auszureifen, deshalb kann der Merlot auch auf dem nördlichen Ufer der Dordogne, in St-Emilion und in Pomerol noch gut ausreifen, wo es für den Cabernet schon etwas zu kühl wird.

Cabernet und Merlot gehören zudem in vielen Verschnitten zusammen wie Romeo und Julia. Verschnitte sind Weine, die aus verschiedenen Rebsorten gemischt oder eben verschnitten wurden. Der strengere Cabernet bringt mit seinen Gerbstoffen (Tanninen) das Rückgrat und die Struktur, der weichere, saftig-fruchtige Merlot die Fülle und das Fleisch in die Verbindung ein. Damit sind auch schon die Hauptmerkmale seiner Weine genannt: Merlot ist immer weich, üppig und voll von „süßen" Fruchtaromen, die an Kirschen, Pflaumen, Schwarze Johannisbeeren und viele rote Sommerbeeren erinnern. Darunter mischen sich aber auch Gewürze wie Zimt und Nelken. Seine Weine besitzen ein weiches, seidiges Tannin, das ganz selten besonders hervortritt. Weil seine Beeren aber reich an Zucker sind, geraten auch die Weine in der Regel recht alkoholstark. Merlot wird in seiner Heimat, dem Bordelais, fast immer mit Cabernet Sauvignon oder mit Cabernet franc verschnitten. Sortenrein wird er vor allem in Norditalien, in der Toskana und in Umbrien gekeltert. Im schweizerischen Tessin dominiert er als Hauptrebsorte die Weinberge. Nach dem großen Boom der Cabernets hat die Neue Welt jetzt den Merlot und seine schmeichlerische Fülle entdeckt. Aus Kalifornien, Australien und Chile stammen zum Teil wunderbare Weine, wobei die meisten chilenischen Merlots wohl in Tat und Wahrheit gar keine richtigen Merlots sind, sondern aus der sehr ähnlichen Carmenère gekeltert werden, die man lange Zeit mit dem Merlot verwechselt hat. Dem Wein tut das aber keinen Abbruch.

Spätburgunder.

Pinot noir/Spätburgunder

Während Chardonnay die weiße Paradesorte Burgunds ist, steht Pinot noir Pate für die roten Spitzenweine dieser Region. Pinot noir gilt als eine der edelsten Rotweintrauben der Welt – aber auch als eine der launischsten: Ist es zu kalt, reifen die Trauben nicht richtig, ist es zu warm, reifen sie so schnell, dass sie gelesen werden müssen, bevor sich interessante Fruchtnuancen entwickeln können. Ist es zu feucht, droht Fäulnis, was bestenfalls zu Farbverlust und damit zu blassen Weinen führt. Bei optimalen Bedingungen entschädigt Pinot noir jedoch für alle zuvor erlittene Unbill und bringt himmlisch duftende, wundervoll fruchtige Weine hervor, die an Finesse, Tiefe und Eleganz kaum zu überbieten sind.

In jungem Pinot noir finden sich überwiegend Noten von roten Beeren, insbesondere von Himbeeren, Erdbeeren und Kirschen, die sich mit zunehmender Reife zu einem Bukett von Wild, Süßholz und herbstlichem Waldboden verdichten. Da Pinot noir eine relativ dünne Beerenhaut (Schale) hat, in der die Pigmente liegen, ist seine Farbe selten sehr intensiv, und auch die Gerbstoffe (Tannine) fallen eher moderat aus.

Außerhalb Frankreichs ist Pinot noir nicht zuletzt in Deutschland weit verbreitet. Unter dem Namen Spätburgunder erbringt er in Baden meist fruchtige, ansprechende Weine, die sich gut zu einer Vielzahl von Speisen eignen. Herausragendes Niveau erreicht Spätburgunder an der Ahr, wo ambitionierte Winzer dichte, extraktreiche Weine im Barrique erzeugen – leider mittlerweile zu burgundischen Preisen. Österreich (Blauburgunder), Ungarn (Kisburgundi Kék) und Italien (Pinot nero) sind weitere Anbauländer.

In der Neuen Welt warten speziell die Cool-Climate-Regionen Oregons (USA), Neuseelands und Südafrikas mit interessanten Pinot-noir-Weinen auf.

Cabernet Sauvignon

Cabernet Sauvignon ist die berühmteste und eine der beliebtesten Rotweinreben der Welt. Unabhängig von seinem Standort zeichnet sich Cabernet Sauvignon durch ein kräftiges Aroma von Schwarzen Johannisbeeren aus. Ist er im Barrique ausgebaut worden, duftet er mitunter nach Zedernholz oder Tabak. In jungen Jahren überrascht er häufig mit Aromen von frischer grüner Paprika. Die kleinen, dickschaligen Beeren des Cabernet sorgen für farbintensive, gerbstoffreiche Weine mit großem Alterungspotenzial, im Bestfall viele Jahrzehnte. Die Heimat des Cabernet ist Bordeaux, wo er jedoch niemals zu sortenreinen Weinen verarbeitet, sondern vorwiegend mit Merlot verschnitten wird. Die preiswerteren Alltagsqualitäten reifen im Stahltank, während gehobene und Spitzenweine einige Zeit im Barrique ausgebaut werden.

Neben Frankreich weisen auch Italien und Spanien nennenswerte Bestände an Cabernet Sauvignon auf, außerdem wird diese Rebsorte zunehmend auch in den aufstrebenden Weinländern Mittel- und Osteuropas angebaut.

In der Neuen Welt ist Cabernet Sauvignon heute ebenfalls weit verbreitet. Ob Kalifornien oder Chile, Südafrika oder Australien, überall entstehen fruchtig-opulente Rotweine, die sich von ihrem Vorbild aus Bordeaux in mehreren Punkten unterscheiden. So liegt der Alkoholgehalt mit 13–14 Volumenprozent deutlich über dem der Bordeaux-Weine. Die Cabernets der Neuen Welt sind meist opulenter und fruchtiger und schmeicheln uns mit weicherem Tannin als der aristokratischere Cabernet aus Bordeaux.

In Deutschland hat Cabernet Sauvignon im Weinbau kaum eine Chance. Das Klima ist hier zu kühl, um die Trauben vollkommen ausreifen und Weine entstehen zu lassen, die international konkurrenzfähig und zudem bezahlbar sind.

Syrah/Shiraz

Diese traditionsreiche Rebsorte ist gleich mit zwei großen Weinlandschaften verbunden. Eine davon ist die nördliche Rhône in Frankreich. Unter dem Namen Syrah erbringt die

Traube hier konzentrierte, stämmige, dunkle und langlebige Weine, die zu den größten Rotweinen der Welt zählen.
Ihre dunklen Beeren schenken dem Wein eine eindrucksvoll tiefe Farbe, viel Tannin und Extraktstoffe, die bei einer längeren Maischestandzeit einen mächtigen Körper ergeben; seine Aromen erinnern aber oft an Blumen (Veilchen und Nelken), dazu treten Beeren und Gewürze und Kräuter wie Pfeffer und Rosmarin.
Die andere große Weinlandschaft ist Australien. Hier ist die als Shiraz bezeichnete Traube die meistangebaute Rebsorte des Landes und damit von größter Bedeutung. Voller und reifer im Geschmack als die typischen Syrah-Weine Frankreichs, schmeckt Shiraz mitunter leicht süß und erreicht mehr Volumenprozent Alkohol. Sein Duft wird häufig als marmeladig bezeichnet. Aromen von dunklen Beeren begleiten Vanille-, Schokolade- oder Zimtnuancen, die aus dem Einsatz von Eichenholz resultieren.
Unter beiden Bezeichnungen und in beiden Weinstilen erlebt diese Rebsorte seit Jahren einen unvermindert anhaltenden Boom. Im südfranzösischen Languedoc entdeckten zahlreiche Erzeuger das ungewöhnliche Potenzial dieser Traube und bauten sie zu überaus erfolgreichen sortenreinen Landweinen aus.
Auch Winzer der Neuen Welt, insbesondere aus Kalifornien, haben den Weinstil des Rhône-Syrah entdeckt.
Demgegenüber knüpfen südafrikanische Winzer eher an den australischen Shiraz an. In Deutschland ist Syrah nahezu bedeutungslos. Bislang versuchen sich nur wenige Winzer an dieser Traube.

STECKBRIEFE

	Pinot noir/ Spätburgunder	Cabernet Sauvignon	Syrah/Shiraz	Merlot
Aroma-spektrum	Kirsche, Erdbeere, reife rote Beeren	Cassis, Johannisbeere, grüne Paprika, Lakritze	Johannisbeere, Pfeffer, Brombeere, Kakao	Schwarze Kirschen, Pflaumen, Schwarze Johannisbeeren
Weintypen	frisch-fruchtig, bis reif-fruchtig	fruchtig, aromatisch und würzig	würzig, fruchtbetont, marmeladig	weich, fruchtig, üppig
Süße/Säure	säurebetont	gerbstoffbetont	reife Tannine, in der Jugend etwas rau	tanninarm, fruchtsüß
Körper/Fülle	leicht bis mittel	mittel bis kräftig	eher ausgeprägt, kräftig	mittel bis kräftig
Anbau-regionen	Burgund, Deutschland, Elsass	Bordeaux, Kalifornien, Australien, Chile	Rhône-Tal, Südfrankreich, Australien, Kalifornien	Bordeaux, Norditalien, Kalifornien, Chile
Passende Speisen	feine Fleischgerichte, Coq au vin	kräftige Speisen, Fleisch vom Grill, Wild	Braten, Barbecue, kräftige und exotische Gerichte	(Schmor-)Braten, Wild, Wildgeflügel, Ente

Arbeit am Sortiertisch auf Château Pétrus.

DAS WERDEN DES WEINS
Von der Traube zum Wein

► *von André Dominé*

VOR EIN BIS ZWEI JAHRZEHNTEN, in den 1980er und 1990er Jahren wurden weltweit Unsummen in Weinkeller investiert. Ein ganzer Wirtschaftszweig rüstete sich mit neuer Technologie aus und errichtete Gebäude, die modernen hygienischen Vorschriften entsprechen. „Und das alles nur, um ein paar Wochen lang im Jahr korrekt zu arbeiten", kommentieren Winzer diese Anstrengungen. Doch der modern ausgerüstete Keller hat ohne Zweifel einen erheblichen Beitrag zu dem außerordentlich vielfältigen Angebot geleistet. Noch nie in der Geschichte gab es so viele gut gemachte Weine aus so vielen verschiedenen Anbauländern und -regionen im Handel.

Über die Qualität des Weins entscheidet in erster Linie die der Trauben. Nur aus ausgezeichnetem Lesegut kann ein hervorragender Wein entstehen, wo man mit Massenerträgen in den Rebfeldern arbeitet, produziert man auch im Keller nur einen Massenwein. Zusätzlich spielt eine entscheidende Rolle, wie die Trauben am Keller angeliefert werden. Im Idealfall empfängt der Kellermeister oder Winzer – wir nennen ihn im Weiteren den Weinmacher – optimal gereifte, unbeschädigte Trauben in kleinen Kästen. Das Lesegut kommt dann nicht auf eine Förderschnecke, sondern fällt durch Schwerkraft bei Weißen in die Presse, bei Roten in den Maischetank.

Will man hochwertige Weine erzeugen, wird man die Trauben vorher auf einen Sortiertisch schütten, auf dem alle nicht einwandfreien Beeren und sämtliche Pflanzenteile ausgesondert werden. Oft benutzt man jedoch Kippanhänger, um das Lesegut zum Keller zu befördern, wo die Fahrer ihre Fracht in Annahmetrichter entleeren, aus denen diese mittels einer Endlosschraube und Pumpen weitergeleitet wird. Da dabei Trauben platzen und Most austritt, fügt man Schwefeldioxid zu, um sie vor Oxidation zu schützen, was bei Lesemaschinen meist automatisch geschieht. Es ist unerlässlich, den Most (oder Wein) vor Sauerstoffkontakt zu schützen, denn der würde qualitätbeeinträchtigende Verbindungen hervorrufen.

Als Erstes, bevor die Gärung einsetzt, bestimmt der Weinmacher den Zuckergehalt des Mosts mit Hilfe einer Mostwaage. Dadurch erfährt er das spezifische Gewicht und kann auf den Alkoholgehalt des späteren Weins schließen. Als Faustregel gilt, dass 17,5 g Zucker pro kg 1 Vol.-% Alkohol ergeben. In nördlicheren Anbaugebieten ist es oft notwendig, den Most anzureichern, damit der Wein ein Gleichgewicht zwischen Alkohol und Säure bei Weißen, zwischen Alkohol, Säure und Tannin bei Roten erhält. In traditionellen Anbaugebieten mit Ursprungsbezeichnung sind die Mindestmostgewichte und die maximale Aufzuckerung festgelegt. Man benutzt dafür drei Methoden:

- Aufzuckern oder Chaptalisation mit Zucker oder Zuckerrübensirup
- Zufügung von Mostkonzentrat aus Traubenmost
- Mostkonzentration durch Ausscheidung von Wasser aus dem eingebrachten Most.

Über die Qualität des Weins entscheidet in erster Linie die der Trauben. Nur aus ausgezeichnetem Lesegut kann ein hervorragender Wein entstehen, wo man mit Massenerträgen arbeitet, produziert man auch im Keller Massenwein.

Moderner Weinkeller im Burgenland.

Magische Verwandlung

Weiße Trauben werden in der Regel sofort gepresst, worauf man den Most vorklärt, um ihn von Verunreinigungen, den Trubstoffen, zu befreien. Dann kann die Gärung in Tanks oder Fässern beginnen.

Bei Rotweinen erfolgt üblicherweise zunächst eine Maischegärung, für die man die gemahlenen Trauben in einen Tank oder Bottich gibt. Zuvor beeren viele Weinmacher die Trauben ab, d. h. sie entfernen die Rappen und Strünke, um unerwünschte Gerbstoffe zu vermeiden. Manche Traditionalisten aber nutzen diese, um ihren Weinen eine stärkere Tanninstruktur zu verleihen, zumal dann, wenn sie mit Sorten arbeiten, deren Schalen wenig Gerbstoffe enthalten.

Im Maischetank verbleiben Most und Schalen je nach Art des erwünschten Weins nur einige Tage (für leichte Rote) oder mehrere Wochen (für Weine mit hohem Alterungspotenzial) miteinander in Kontakt, wobei der Most und der sich zunehmend entwickelnde Alkohol Farb-, Aroma- und Gerbstoffe aus den Schalen lösen. Um diesen Kontakt zu fördern, werden die festen Teile, die durch die Gärung nach oben steigen und den Tresterhut bilden, regelmäßig mit Most überflutet, den man unten im Tank abzieht und hochpumpt, oder man taucht den Tresterhut zurück in den Most.

Ob weißer oder roter Most, die Umwandlung des Traubenzuckers in Alkohol geschieht durch Hefen, wobei Kohlendioxid (Kohlensäure) als Nebenprodukt frei wird. Hefen kommen auf natürliche Weise in den Weinbergen und Weinkellern vor, doch diese wilden Hefen besitzen nur eine schwache Alkoholresistenz und sind unfähig, den Most durchzugären. Ihnen müssen Hefen der Gattung ***Saccharomyces cerevisiae***, so genannte Zuckerpilze, zu Hilfe eilen, die ebenfalls in der Luft der Keller vorkommen. Dennoch können diese natürlichen Hefen nicht immer ausreichen, um die Gärung auf zufrieden stellende Weise durchzuführen. Ein Weinmacher, der auf Nummer sicher gehen möchte, greift deshalb zu Reinzuchthefen, ausgewählten Hefekulturen, die eine gute, vollständige und alkoholergiebige Gärung garantieren, was bis auf seltene Ausnahmen in allen Ländern der Neuen Welt der Fall ist. In traditionsreichen Regionen pflegen gute Winzer die natürlichen Hefen, denn sie verleihen dem Wein eine größere Komplexität.

Hefen reagieren sensibel auf Temperaturen. Steigen diese bei der Gärung zu hoch, auf 35 °C oder mehr, leiden die Aromen, die Hefezellen sterben ab, und die Gärung stoppt. Greift man dann nicht ein, droht der Essigteufel. Ist der Most zu kalt, haben die Hefen Nöte, sich zu entfalten, und es kann erforderlich sein, Most oder Maische zu erwärmen. Heute setzt man vorwiegend auf Temperaturkontrolle und vergärt jung zu trinkende Weißweine meist zwischen 16 und 18 °C, gehaltvollere Weiße zwischen 18 und 22 °C, jung zu trinkende Rote bis 25 °C und komplexe, hochwertigere Rotweine auf 30 bis 32 °C.

Ist die alkoholische Gärung abgeschlossen, ist das Wunder geschehen: Der süße Traubenmost hat sich in Wein verwandelt. Noch aber fehlt ein Prozess, den man wissenschaftlich erst seit kurzer Zeit versteht: die malolaktische Säureumwandlung, auch zweite Gärung genannt. Bei ihr verwandeln Milchsäurebakterien die spitze Apfel- in die sanfte Milchsäure, wobei etwas Kohlensäure frei wird. Für Rotweine ist sie zur Abrundung und Haltbarkeit erforderlich, bei Weißweinen hingegen entscheidet der Weinmacher, ob er sie ganz oder teilweise stoppt oder völlig durchführt, je nachdem, ob er spritzige, frische oder komplexe, rundere Weine anstrebt. Damit ist der Prozess des Weinmachens abgeschlossen. Nun gilt es zu entscheiden, welcher Wein welchen Ausbau – nur im Tank oder Fass oder anschließende Flaschenreife – verdient hat, um seinem Charakter gerecht zu werden. Der aber wurde schon im Weinberg vorbestimmt.

In traditionsreichen Regionen pflegen gute Winzer die natürlichen Hefen, denn sie verleihen dem Wein eine größere Komplexität. Ihre Verbreitung kann man durch Ausbreitung von Gärrückständen und Trester in den Weinbergen fördern.

WEITERE WICHTIGE *Rebsorten*

WEISSE UND ROTE REGIONALE GRÖSSEN

▸ *Eine Auswahl aus vielen*

Neben den so genannten Hauptrebsorten, die im vorangegangenen Kapitel Thema waren, gibt es Hunderte, ja Tausende von Rebsorten mit regionalen Wurzeln und Traditionen. Jede hat ihre eigene Geschichte, ihre Ausdruckskraft und verdient es, beachtet und geschätzt zu werden. Ihre Gesamtheit spiegelt den ganzen Reichtum der wunderbaren Welt des Weins wider. Wir greifen aus dieser unüberblickbaren Fülle stellvertretend drei weiße und drei rote Rebsorten heraus, die trotz (oder vielleicht gerade wegen) ihres total unterschiedlichen Charakters die Weinliebhaber weit über die Grenzen ihrer regionalen Herkunft hinaus zu begeistern vermögen. Mit einigen zusätzlichen Hinweisen am Ende des Kapitels möchten wir Sie aber ermutigen, selbst auf Entdeckungsfahrt zu gehen, Sie werden staunen, was es neben Cabernet und Chardonnay noch alles gibt.

DIE SHOPPING-TOUR

Kaufen Sie für dieses Tasting folgende 6 Weine ein:

Weiß

1. Grüner Veltliner aus der Wachau, dem Kremstal oder dem Kamptal. Achten Sie darauf, dass es sich um eine Erzeugerabfüllung handelt. Fachhandel, Kaufhaus. 10–15 Euro, 8–10 °C.

2. Grauburgunder aus der Pfalz oder aus Baden: Der Wein sollte trocken und nicht im Barrique ausgebaut sein. Fachhandel, Kaufhaus, Winzer. 8–12 Euro, 8–10 °C.

3. Gewürztraminer aus dem Elsass: Außer der Bezeichnung „Gewurztraminer" sollte auf dem Etikett noch AOC Alsace oder AOC Alsace Grand Cru stehen. Fachhandel, Kaufhaus. 10–20 Euro, 8–10 °C.

Rot

4. Chianti Classico oder Chianti Classico Riserva. Auf dem Etikett sollte die Angabe „Imbottigliato all'origine" stehen, was Erzeugerabfüllung bedeutet. Fachhandel, Kaufhaus. 10–15 Euro, 14–16 °C.

5. Ein Wein von der südlichen Rhône (Gigondas, Vacqueiras) oder aus dem Languedoc (Faugères, St-Chinian). In den meisten Weinen ist Grenache mit anderen Rebsorten verschnitten. Achten Sie darauf, einen Wein mit hohem Grenache-Anteil zu erwerben, denn schließlich geht es uns darum, den Charakter dieser Rebsorte kennen zu lernen. Aus allen diesen Appellationen stammt viel Wein von höchst zweifelhafter Qualität. Wir empfehlen Ihnen daher unbedingt, im Fachhandel einzukaufen. 10–15 Euro, 14–16 °C.

6. Rioja. Eine einfache Crianza ist für unsere Verkostung fast noch besser geeignet als eine Reserva, weil in ihr der Rebsortencharakter besser zum Ausdruck kommt. Fachhandel, Kaufhaus. 8–12 Euro, 14–16 °C.

1. Eine kleine Standortbestimmung

EINE LESEÜBUNG

Die Sprache des Etiketts

OFFEN VERKOSTEN

Ausnahmsweise verkosten wir in dieser Runde die Weine offen und nicht blind. Wir versuchen vielmehr möglichst viele Informationen aus dem Etikett zu entnehmen, um uns schon vor der Verkostung ein Bild über das machen zu können, was uns nachher im Glas erwartet. Es wird ganz interessant sein zu sehen, inwieweit dieses „Vorurteil" durch die Verkostung bestätigt wird oder nicht. Gleichzeitig dient uns diese „Leseübung" auch als Selbsttest für das, was wir bereits über die Sprache des Etiketts erfahren haben.

DIE SPRACHE DES ETIKETTS

Versuchen Sie die folgenden Fragen zu beantworten, die Antworten finden Sie auf der hinteren Klappe:

Was bedeutet DOCG (beim Chianti) bzw. DOCa (beim Rioja) genau?

Zu welcher gesetzlich definierten Qualitätsstufe gehören der Grüne Veltliner und der Grauburgunder?

Aus welcher AOC stammt der Gewürztraminer? Sagt sie etwas über die Qualität des Weins aus?

Vergleichen Sie den Alkoholgehalt der sechs Weine. Wahrscheinlich verblüfft Sie ein Wein, welcher?

Wo stehen die für Sie interessantesten Angaben, auf dem Vorder- oder auf dem Rückseiten-Etikett?

2. Die drei wichtigsten regionalen weißen Rebsorten

WISSENWERTES ÜBER HERKUNFT, CHARAKTER UND EIGENSCHAFTEN

▸ *Grüner Veltliner, Grauburgunder und Gewürztraminer*

DEGUSTATION DER WEISSWEINE

Schenken Sie die Weißweine ein und verkosten Sie sie nach dem Verkostungsblatt rechts. Versuchen Sie die drei Weine anschließend nach folgenden Kriterien zu ordnen:

	Wein 1	Wein 2	Wein 3
In welcher Reihenfolge stehen sie zwischen den Farben Grüngelb und Gold?			
Welcher hat die tiefste Farbe?			
Welcher duftet am intensivsten?			

Lesen Sie jetzt die untenstehenden Informationen und vergleichen Sie sie auch mit Ihren eigenen Eindrücken und Notizen auf dem Verkostungsblatt.

Grüner Veltliner

Der Grüne Veltliner spricht unverkennbar einen österreichischen Dialekt. Seine Wiege steht nie weit von der Donau entfernt auf den steilen Hängen der Wachau, im Kamp- oder Kremstal, im Weinviertel oder um Wien herum. Er bedeckt ein Drittel der österreichischen Weinberge. Von hier aus hat er sich ins benachbarte Ausland ausgebreitet: nach Tschechien, wo er Veltlinske Zelené heißt, in die Slowakei und nach Ungarn (Zöltveltelini), blieb aber immer im Kulturraum des ehemaligen Habsburgerreichs. Die Weine aus den Weinbergen um Wien herum beenden meist als einfacher Heurigenwein in der fröhlichen Zechrunde ihr kurzes Leben, nicht anders ergeht es den Weinen aus dem Weinviertel. Dagegen können die Weine aus der Wachau, dem Kamp- und Kremstal mit Gewinn einige Jahre altern und sich bei entsprechender Ertragsbeschränkung im Weinberg zu eindrucksvollen, gut strukturierten und vollen Weinen entwickeln.
Typisch für den Grünen Veltliner ist seine an weißen Pfeffer erinnernde Würzigkeit, das „Pfefferl". Sein Aromenspektrum ist sehr vielfältig, immer dominieren grüne Noten von Dill und Gurken, dazu treten Zitrusfrüchte und die weicheren Aromen von Aprikosen, die ihm Fülle verleihen.

Grauburgunder

Der Pinot gris oder eben Grauburgunder ist aus der weltberühmten roten Burgundersorte Pinot noir durch Mutation entstanden. Die

WEINVERKOSTUNG

► *Für die Weine 1–3*

Weinbezeichnung: **Rebsorte(n):** **Jahrgang:** **Preis:**

Klarheit: klar trüb Intensität: blass tief
weiß: grüngelb hellgelb goldgelb rosé: himbeer lachs rot: purpur rubin rotbraun
Bemerkungen: (z. B. Kirchenfenster/Rand-Kernzone)

Reintönigkeit: ja nein Intensität: dezent mittel intensiv
Aromaausprägung: fruchtig blumig pflanzlich/vegetativ würzig
Aromaspektrum:

Auftakt: weich spritzig Süße: trocken süß
Gerbstoffe: dezent deutlich dominant Körper: leicht mittel voll
Abgang: kurz mittel lang Kohlensäure: unangenehm/grob angenehm/erfrischend

Qualität: fehlerhaft gut sehr gut hervorragend Lagerfähigkeit: jetzt trinken lagern___Jahre
Bemerkungen:

Nähe zu seinem gehaltvollen Verwandten sieht man ihm schon äußerlich an: Die Farbe seiner Beeren kann von einem kupfernen Braunrot bis ins dunkle Blau changieren, es ist dann auch für Fachleute schwierig, ihn vom Pinot noir zu unterscheiden. Die Farbe des Weins spiegelt diese „Zwittrigkeit" wider, indem sie oft in einem schönen, vollen Goldton erstrahlt.

Auch die Weine selbst sind für einen Weißwein oft überraschend gehaltvoll und körperreich. Die besten Weine stammen wohl aus dem Elsass, wo sie seltsamerweise auch Tokay oder Tokay Pinot gris genannt werden. Ein adliger Elsässer soll Stecklinge dieser Rebsorte nämlich aus Ungarn (dort heißt sie Tokaj), wo er gegen die Türken kämpfte, im 16. Jahrhundert in seine Heimat zurückgebracht haben. Die Weine sind weich, rund, voll. Ihr oft geradezu üppiges Aroma erinnert an Nüsse, Birnen, Feigen und exotische Gewürze. Die Elsässer lieben es, alle Spielmöglichkeiten, die in dieser Traube stecken, auszuschöpfen; sie keltern daraus vieles: von trockenen Weinen, die allerdings immer mild und nie ganz knochentrocken sind, über leicht liebliche bis zu süßen Dessertweinen aus spät gelesenen Trauben. In Deutschland ist die Rebe vor allem dem Elsass gegenüber auf der anderen Seite des Rheins in Baden heimisch. Hier hat sich in den letzten Jahren ein Grauburgunderstil entwickelt, der sich von den massiven und oft etwas plumpen Ruländern (so nannte man hier diese Grauburgunder) abwendet und elegante, frische und gleichzeitig duftigaromaintensive Weine hervorbringt. In der Pfalz, wo im warmen Klima sogar Feigen reifen, gedeiht der Grauburgunder ebenfalls hervorragend. Die Weine sind dicht und körperreich, manche Winzer experimentieren auch mit Barriques, um die Wucht der Weine etwas zu zähmen und ihre Aromen noch komplexer zu gestalten. In Italien wächst Pinot grigio vor allem im Nordosten des Stiefels in der Region Friaul. Neben viel Massenwein entstehen hier auch charaktervolle trockene Weine. Im schweizerischen Wallis nennt man den Grauburgunder Malvoisie.

Grauburgunder.

Gewürztraminer

Es gibt viele Fragen über die Verwandtschaften der Familie Gewürztraminer und Traminer. Ziemlich einig sind sich die Fachleute über seine Herkunft aus Südtirol aus der Umgebung des Ortes Tramin, wo er aber schon vor 400 Jahren dem viel ertragreicheren Vernatsch Platz machen musste. Über die Pfalz kam er ins Elsass, wo er sich so sehr akklimatisiert hat, dass er nirgendwo auf der Welt bessere Weine erbringt als hier. Nichtsdestotrotz stehen seine Stöcke fast überall auf der Welt: in Kalifornien ebenso wie in Australien und Neuseeland, aber auch im Osten Europas, in Österreich, Rumänien, Bulgarien und an der Moldau.

Fast überall findet man allerdings eher verstreute Anpflanzungen. Der Gewürztraminer ist eben ein Wein für besondere Gelegenheiten, als Alltagswein wäre er viel zu üppig. Selbst im Elsass, seinem wichtigsten Anbaugebiet, sind nur gerade knapp 18 Prozent der Rebfläche mit diesen Reben bestockt.

Der Gewürztraminer ist wohl die aromatischste und üppigste Rebsorte überhaupt. Sein Duft ist so charakteristisch, dass man ihn sofort wiedererkennt, wenn man ihm einmal bewusst begegnet ist. Er überwältigt uns mit einer Fülle von Sinneseindrücken, die von Rosenwasser und Litschis über Orangenblüten und Veilchen bis zu kandierten Zitrusfrüchten, Zimt und Muskat reichen. Seine Farbe ist meist ein tiefes, leuchtendes Gold, das er den kupferfarbenen Beeren seiner Traube verdankt. Den Mund füllt er uns mit einem warmen, öligen und dichten Körper, der sowohl auf seinem Gehalt an Extraktstoffen wie auch auf seinem erstaunlich hohen Alkoholgehalt beruht.

STECKBRIEFE

	Grüner Veltliner	Grauburgunder	Gewürztraminer
Aromaspektrum	Zartfruchtig (Zitronen, Aprikosen), Kräuter (Dill), Holunderblüten, Pfeffer	Fruchtig (Birne, Grapefruit, Ananas), Nüsse, Honig	Intensiv und überwältigend: Rosenwasser, Litschis, Zitrusfrüchte, Quitten
Weintypen	Frisch und kräuterwürzig	Vollfruchtig	Hocharomatisch
Süße/Säure	Trocken mit rassiger Säure	Meist nicht ganz knochentrocken mit frischer Säure	Meist mit leichter Restsüße, frische Säure
Körper/Fülle	Leicht bis mittel	Leicht bis mittel	Mittel bis gehaltvoll
Anbauregionen/ Topweine	Österreich (Wachau, Kamptal, Kremstal, Weinviertel)	Pfalz, Baden; Elsass (Pinot gris); Wallis (Malvoisie); Friaul (Pinot grigio)	Elsass, Pfalz, Österreich, Südtirol
Passende Speisen	Gemüse, Pilze, Geflügel, Kaninchen	Gewürzte Fische, kräftiges Geflügel	Enten-, Gänsebraten, asiatische Gerichte

3. Die drei wichtigsten regionalen roten Rebsorten

WISSENWERTES ÜBER HERKUNFT, CHARAKTER UND EIGENSCHAFTEN

Sangiovese, Grenache und Tempranillo

DEGUSTATION DER ROTWEINE

Schenken Sie nun die Rotweine ein und verkosten Sie auch diese nach dem Verkostungsblatt. Achten Sie im Vergleich der drei Weine besonders auf die Unterschiede in Bezug auf Säure, Gerbstoff (Tannin) und Körper.

Vergleichen Sie Ihre eigenen Eindrücke und Notizen auf dem Verkostungsblatt mit den Porträts der Rebsorten.

Sangiovese

Sangiovese ist die meistangebaute Rebsorte Italiens. Wahrscheinlich hat sie sich hier aus einer Wildrebe entwickelt und über den ganzen Stiefel ausgebreitet. Das Zentrum der Sangiovese ist die Toskana, hier dominiert sie die Weinberge souverän. Weiter im Norden besitzt sie einen zweiten Schwerpunkt in der Emilia-Romagna und einen weiteren im Osten in den Marken. Klassisch, weltberühmt und qualitativ unübertroffen sind aber die Weine aus der Toskana: Chianti, Vino Nobile di Montepulciano und Brunello di Montalcino, zu denen sich in neuester Zeit noch der Morellino di Scansano gesellt hat. Jeder dieser vier Weine besitzt eine eigene Persönlichkeit, die einerseits auf dem unterschiedlichen Klima und den Mineralien des Bodens beruhen, aber in hohem Maß auch auf den verschiedenen Unterarten (Klonen), die die Sangiovese-Rebe im Verlauf ihrer wohl mehr als 2000-jährigen Geschichte in den verschiedenen Regionen ausgebildet hat. Im Chianti Classico, der traditionsreichen Weinbauzone zwischen Florenz und Siena, bildet Sangiovese das Rückgrat des gleichnamigen Weins mit einem Anteil von mindestens 80 %, aber auch 100 % sind erlaubt und keine Seltenheit. Die restlichen bis zu 20 % bestreitet eine Vielzahl einheimischer und internationaler roter Rebsorten. Früher war sogar noch ein kleiner Anteil an weißen Sorten erlaubt, was ab dem Jahr 2006 allerdings verboten ist. Ein guter Chianti Classico duftet in der Jugend überschwänglich nach der bitteren Süße von Amarenenkirschen, nach Zwetschgen und Veilchen, darunter mischen sich herbe Noten von Wacholder und Lakritze, ja sogar Erde und Stall. Der Chianti besitzt eine saftige Säure und oft noch deutlich adstringierende (zusammenziehende) Gerbstoffe (Tannine). Nach ein paar Jahren der Reifung mildert sich die Strenge der Jugend, der Wein wird weicher, sanfter und erreicht seinen Höhepunkt nach etwa sechs bis zehn Jahren.

Grenache (Garnacha)

Die Rebsorte Grenache ist ein weltweites Erfolgsmodell. Ihre Anbaufläche wird rund um den Globus nur noch von der weißen (!) Airén übertroffen. Das riecht bedenklich nach

WEINVERKOSTUNG

► *Für die Weine 4–6*

Weinbezeichnung: **Rebsorte(n):** **Jahrgang:** **Preis:**

Klarheit: ☐ klar ☐ trüb Intensität: ☐ blass ☐ tief
weiß: ☐ grüngelb ☐ hellgelb ☐ goldgelb rosé: ☐ himbeer ☐ lachs rot: ☐ purpur ☐ rubin ☐ rotbraun
Bemerkungen: (z. B. Kirchenfenster/Rand-Kernzone)

Reintönigkeit: ☐ ja ☐ nein Intensität: ☐ dezent ☐ mittel ☐ intensiv
Aromaausprägung: ☐ fruchtig ☐ blumig ☐ pflanzlich/vegetativ ☐ würzig
Aromaspektrum:

Auftakt: ☐ weich ☐ spritzig Süße: ☐ trocken ☐ süß
Gerbstoffe: ☐ dezent ☐ deutlich ☐ dominant Körper: ☐ leicht ☐ mittel ☐ voll
Abgang: ☐ kurz ☐ mittel ☐ lang Kohlensäure: ☐ unangenehm/grob ☐ angenehm/erfrischend

Qualität: ☐ fehlerhaft ☐ gut ☐ sehr gut ☐ hervorragend Lagerfähigkeit: ☐ jetzt trinken ☐ lagern__Jahre
Bemerkungen:

Massenware, und genau das ist auch das Problem dieser Rebsorte. Sie braucht wasserarme, steinige Böden und ein heißes Klima, um hervorragende, kräftige und konzentrierte Weine hervorzubringen. Wenn man sie aber verwöhnt und bewässert, sind die Weine eben auch nur noch wässrig und dünn. Sie ist deshalb auch eine beliebte Roséerebe. Ihre Heimat liegt wohl irgendwo im Nordosten Spaniens, von dort hat sie sich mit dem Spanischen Königreich über die Pyrenäen nach Languedoc-Roussillon und an die südliche Rhône ausgedehnt und sogar den Sprung nach Sardinien geschafft, wo sie Canonau heißt. Das Hauptanbaugebiet ist der Nordosten Spaniens, je nach Gegend sind weit mehr als die Hälfte der Weinberge mit Garnacha bestockt. Die Qualität der Weine ist sehr unterschiedlich, sie reicht von nichtssagenden Kartonweinen bis zu den dichten, muskulösen Weinen aus dem Priorat, die zu den besten und teuersten Gewächsen Spaniens gehören. In Südfrankreich wird Grenache nur ganz selten sortenrein ausgebaut, sondern in den meisten Weinen mit den anderen typischen Sorten der Gegend – Syrah, Mourvèdre – verschnitten. In der berühmten Appellation Châteauneuf-du-Pape können es sogar 13 verschiedene Sorten sein. Und Grenache spielt dabei manchmal die Haupt-, gelegentlich aber auch nur eine unbedeutende Nebenrolle.

Grenache-Wein in seiner besten Art besitzt eine tiefe konzentrierte Farbe und duftet intensiv nach reifen dunklen Früchten und Beeren (Brombeeren, Zwetschgen, Kirschen), dazu kommen die Aromen von Nüssen und Gewürzen wie Lorbeer, Zimt und Lebkuchen. Mit der Reife treten Noten von Teer, Kaffee und Leder hinzu. Im Mund spürt man die Fruchtsüße von eingekochten Früchten.

Tempranillo

Was der Riesling für Deutschland und der Sangiovese für die Toskana, ist der Tempranillo für Spanien. Er besitzt kleine dickschalige Beeren, deren Haut den Weinen viel Farbe und Extraktstoffe verleiht. Damit wird sie gewissermaßen zum spanischen Gegenstück des Cabernet Sauvignon im Bordelais. Und das ist nicht die einzige Verbindung über die Pyrenäen hinweg zu den benachbarten Franzosen. Mitte des 19. Jahrhunderts zerstörte ein kleines Insekt, die Reblaus, den ganzen europäischen Rebbau. Da Spanien später als Frankreich von ihr heimgesucht wurde, wanderten viele französische Winzer nach Spanien aus, um sich dort eine neue Existenz aufzubauen. Sie brachten den noch „unterentwickelten" Spaniern viel Know-how ins Land, nicht zuletzt den Gebrauch der kleinen Eichenfässer, der Barriques. Bis vor etwa 20 Jahren war das international bedeutendste Tempranillo-Gebiet Spaniens die Appellation Rioja. Hier im kühlen Norden Spaniens konnte sich die früh reifende Rebsorte gut entfalten (*temprano* bedeutet früh) und ihr überströmendes Himbeeraroma entwickeln. Die dabei etwas zu kurz gekommene Struktur erhalten die Rioja-Weine aus den *barricas bordolesas* (Barriques) aus amerikanischer Eiche, die den Weinen jenen verführerischen Vanilleton mitgeben, den die Spanier – und nicht nur sie – so sehr lieben. In wärmeren Landesteilen wie dem Anbaugebiet Ribera del Duero besitzen die Weine „von Haus aus" schon mehr Struktur und Körper. Der Ausbau im Eichenfass ist aber auch hier die Regel. Der Trend geht jedoch in allen Gebieten eher hin zu fruchtigen und nicht mit Eiche überladenen Weinen. Tempranillo besitzt in der Regel eine dunkle, rubinrote Farbe, die sich nach längerer Lagerung im Eichenfass deutlich aufhellen kann. Sein Duft ist geprägt von schwarzen Früchten und Beeren (Pflaumen, auch gedörrt, Brombeeren, Cassis), roten Beeren wie Himbeeren und Erdbeeren, Gewürzen (Zimt), Rauch, Leder und Tabak. Meist verfügt er nicht über eine ausgeprägte Säure, sein feines Tannin wird fast immer ergänzt durch das Tannin aus dem Eichenfass, das den Weinen einen charakteristischen Vanilleton verleiht.

Tempranillo.

STECKBRIEFE

	Sangiovese	Grenache	Tempranillo
Aromaspektrum	Amarenenkirschen, Veilchen, Lakritze, Wacholder, Erde	Schwarze Kirschen, Cassis, Nüsse, Leder, Teer	Schwarze Früchte (Brombeeren, Cassis, Zwetschgen), Himbeeren, Tabak, Kakao
Weintypen	Frisch, fruchtig	Fruchtig, würzig	Fruchtig, aromatisch
Süße/Säure	Deutliche saftige Säure	Weiche Säure	Unterschiedliche Säure, kräftiges Tannin
Körper/Fülle	Mittel	Mittel bis kräftig	Mittel bis kräftig
Anbauregionen/ Topweine	Italien (Toskana, Emilia-Romagna, Marken)	Südliche Rhône, Midi, Norden und Osten Spaniens	Spanien (Rioja, Ribera del Duero), Portugal
Passende Speisen	Kräftige toskanische Küche, Schmorbraten	Gegrilltes Fleisch, Lammbraten, Fasan, Ente	Grillfleisch, Wild, Schmorgerichte

4. Reben über Reben

HUNDERTE VON REBSORTEN WOLLEN VON IHNEN ENTDECKT WERDEN

Ein Plädoyer für die Artenvielfalt

In allen Ländern und Regionen wachsen neben den berühmten Rebsorten auch regionale Spezialitäten, deren Weine nicht selten ebenfalls beachtliches Niveau erreichen oder auch nur als liebenswerte Spezialitäten unsere Sympathie verdienen. Ohne Anspruch auf Vollständigkeit seien hier einige weitere in Deutschland wichtige Rebsorten aufgelistet:
Weiß: Weißburgunder, Silvaner, Müller-Thurgau, Gutedel, Scheurebe, Rieslaner, Gelber Muskateller, Huxelrebe, Kerner.
Rot: Lemberger, Dornfelder, Schwarzriesling, Trollinger, Portugieser.

Versuchen Sie bei allen Weinen, die Sie irgendwo trinken oder verkosten, immer auch auf die Rebsorte zu achten. Zu einem vertieften Verständnis gelangen Sie, wenn Sie sich noch etwas weiter über die Herkunft und die Geschichte dieser Reben informieren. Folgendes Buch kann Ihnen dabei behilflich sein: Dagmar Ehrlich, *Das Rebsorten ABC,* erschienen im Hallwag-Verlag.

Blick von Schloss
Johannisberg in das Rheingau.

RIESLING, TRAMINER & CO.
Wiederentdeckte Aromasorten

► *von André Dominé*

MIT BEGINN des neuen Jahrtausends ist das Interesse an edelsüßen Rieslingen wieder erwacht. Insbesondere in den USA und in Japan feiern Spätlesen, Auslesen, Beeren- und Trockenbeerenauslesen sowie Eisweine inzwischen wahre Triumphe. Deutsche, aber auch österreichische und elsässische Winzer, die in den vergangenen 20 Jahren nur versierten Weinkennern ein Begriff waren, finden sich plötzlich im Rampenlicht wieder. Damit erlebt eine der hochwertigsten Rebsorten eine verdiente Renaissance, die durch Selbstverschulden der Winzer (und die geradezu kriminelle Energie einiger schwarzer Schafe) in Verruf geraten war und dadurch international dramatisch an Boden verloren hatte. Die nachträglich aufgezuckerten, mit hohem Schwefelzusatz haltbar gemachten Massenweine deutscher Erzeuger oder die in Österreich 1985 mit Glykol gesüßten Panschereien führten dazu, dass sich die Verbraucher im In- wie Ausland generell von Weinen dieser Anbauländer abwandten. Zudem traten mit dem Schlankheitsideal trockene Weine in den Vordergrund. Während sich die Qualität der trocken ausgebauten Weine aus Riesling und den anderen Aromasorten in letzter Zeit außerordentlich steigerte und sie mengenmäßig bei weitem dominieren, sind es gerade Weine aus später eingebrachten Trauben mit hoher Zuckerkonzentration, die das erneute Interesse an diesen Rebsorten weckte. Warum kam es zur Wiederbelebung der Edelsüßen?

Deutsche, aber auch österreichische und elsässische Winzer, die in den vergangenen 20 Jahren nur versierten Weinkennern ein Begriff waren, finden sich plötzlich im Rampenlicht wieder.

Sortenwahl

Es sind heute mehr als 10 000 Rebsorten bekannt, aber die weitaus meisten davon liefern eher unbedeutende, wenn nicht uninteressante Weine. Nur wenige Sorten entwickeln reizvolle Aromen, noch weniger besitzen internationalen Rang. Die bedeutendsten dieser international anerkannten Sorten sind die weiße Chardonnay-Rebe und der rote Cabernet Sauvignon. Darauf folgen Merlot, Pinot noir und Syrah bei den roten, Sauvignon blanc, Sémillon und Riesling bei den weißen Trauben. Cabernet franc sowie Grauburgunder, Muskateller, Gewürztraminer und Chenin blanc schließen sich an.

Unter den Qualitätssorten kann man aufgrund ihrer Intensität zwischen Aroma- und eher neutralen Sorten unterscheiden. Zur zweiten Gruppe gehören alle roten Sorten, aber auch der Chardonnay. Gerade aufgrund seines vergleichsweise dezenten Buketts und seines unaufdringlichen Geschmacks hat er sich international besonders eindrucksvoll durchsetzen können – was im Übrigen auch für zahlreiche andere neutralere weiße und rote Sorten gilt. Ihre große Anhängerschaft schätzt an diesen Weinen besonders, dass sie sich problemlos mit einer Vielzahl unterschiedlicher Speisen kombinieren lassen.

Aromasorten wie Muskateller, Malvoisie und Gewürztraminer sind dagegen sehr viel schwieriger zufrieden stellend in eine Menüfolge einzubinden. Mit ihren oftmals sehr eigenwilligen und stark ausge-

Eisweinlese im Rheingau.

prägten Duft- und Geschmacksnoten stellen sie eine Herausforderung dar. Sie harmonieren nur mit sehr präzise ausgewählten Speisen, wobei sorgfältig darauf geachtet werden muss, dass sich die unterschiedlichen Aromen nicht gegenseitig beeinträchtigen und zu ihrem Nachteil verändern. Wo es sich um liebliche bis süße Weine handelt, vermeidet man größere Risiken, indem man sie Desserts zuordnet oder außerhalb des Essens anbietet. Nach vielen Jahren des Schattendaseins steht Riesling nun wieder im Rampenlicht.

Späte Lesen

Es war der Riesling, der den Aromasorten den Boden bereitete. Seit auf Schloss Johannisberg 1775 die erste offizielle Lese edelfauler Trauben stattfand, setzten sich Spät-, Aus-, Beerenaus- und Trockenbeerenauslesen sowie Eiswein rasch mit erstaunlicher Dominanz durch. Das große aromatische Potenzial des Rieslings, verbunden mit hohem natürlichem Restzucker und hohen Säuregraden, ergibt Weine von einzigartiger Ausdruckskraft und verblüffender Lebensdauer. Doch nur auf den besten und sonnigsten Lagen und nur durch gewissenhafte Weinbergpflege lassen sich wahrhaft hochwertige Qualitäten erzielen, und das meist in nur geringer Menge. Die Versuchung war und ist groß, bei hohen Erträgen von dem guten Image zu profitieren und im Keller nachzuhelfen.

Wiederauferstehung

Der dramatische Einbruch in der Wertschätzung des Rieslings und die internationale Welle der trockenen Weine veranlasste schließlich auch deutsche, elsässische und österreichische Erzeuger zum Umdenken. Unterstützt von einer besser ausgebildeten und informierten Generation von Winzern und Weinmachern änderten sich Weinbergs- wie Kellerarbeit und damit das Angebot. Man begann sich stärker auf trockene Weine zu konzentrieren und nur noch echte edelsüße Spezialitäten abzufüllen. Dadurch vermochten bekannte Spitzenbetriebe ihren Ruf zu festigen, und vielen jüngeren Winzern gelang es, sich einen neuen guten Kundenstamm aufzubauen.

Nachdem sich Chardonnay unter den Weißweinen international als dominant bis zum sich regenden Überdruss erwiesen hatte, legten viele Weinerzeuger der Neuen Welt mehr Nachdruck auf Sauvignon blanc. Diese entschieden aromatischere Sorte erfuhr rasch Zuspruch vor allem von jüngeren Verbraucherschichten, und das keineswegs nur bei Tisch. Dabei wirkte der frische, intensive Sauvignon gewissermaßen als Eisbrecher für den zu Unrecht in Misskredit geratenen Riesling. Nicht zu unterschätzenden Anteil an diesem neuen Trend hatten die Australier, die von der Qualität ihrer eigenen Riesling-Weine so sehr überzeugt waren, dass sie die Werbetrommel dafür kräftig rührten.

Das große aromatische Potenzial des Rieslings, verbunden mit hohem natürlichem Restzucker und hohen Säuregraden, ergibt Weine von einzigartiger Ausdruckskraft und verblüffender Lebensdauer.

Parallel dazu zeichnete sich ein deutlich ansteigendes Interesse an edelsüßen Weinen im Allgemeinen (weltweit begannen Winzer edelsüße Weine aus persönlicher Passion zu erzeugen) und ganz speziell an Eiswein ab. Letzterer faszinierte die Weinfreunde zunehmend. Von dieser Entwicklung profitierten die Kanadier als die weltweit größten Eisweinproduzenten. Zwangsläufig wurde das Interesse dabei auch auf deutsche Eisweine gelenkt und darüber hinaus auf die übrigen hochwertigen Qualitätsstufen mit Raritätennimbus. Oft erleben diese Weine einen geradezu spektakulären Auftritt bei exotischer oder auch bei so genannter *fusion food* mit den meist recht süßen und süßsauren Gerichten. Nun, wo das Eis gebrochen ist, erhält der Riesling in allen seinen Spielarten wieder die verdiente Anerkennung. Weinfreunde entdecken aufs Neue das Vergnügen an hocharomatischen Weinen, und damit fällt ihr Augenmerk auch auf andere Aromasorten, die in den letzten Jahrzehnten ebenfalls zu einem Schattendasein verurteilt waren.

DEGUSTIEREN *wie ein Profi*

ERFAHRUNGEN MIT DEM WEIN VERTIEFEN

▸ *Auge, Nase und Gaumen verfeinern*

Indem ich mich in den Wein vertiefe, ihn in allen seinen Ausdrucksformen zu verstehen versuche, nähere ich mich seinem Charakter und seiner Persönlichkeit. Das systematische Vorgehen ist dabei nur am Anfang etwas buchhalterisch und trocken. Mit der Zeit und der entsprechenden Übung werden Sie gar nicht mehr anders können, als den Wein so zu probieren. Und die Analyse wird schließlich ein Teil Ihres Genusses.

Im Vorspann des 1. Kapitels durch die Welt des Weins haben wir die wichtigsten Punkte zusammengestellt, die man bei einer Weinprobe beachten muss. Inzwischen haben Sie auch gelernt, mit den Arbeitsblättern umzugehen, und über ein Dutzend Weine systematisch verkostet. In dieser Runde wollen wir die dabei gesammelten Erfahrungen ordnen, vertiefen und uns fragen, welche Informationen wir den gemachten Beobachtungen entnehmen können.

DIE SHOPPING-TOUR

Kaufen Sie für dieses Tasting folgende 4 Weine ein:

Weiß

1. Riesling Kabinett trocken von der Mosel. Achten Sie unbedingt auf Qualität; minderwertiger Moselwein kann unglaublich schlecht sein. Winzer, Fachhandel, Kaufhaus (mit Beratung). 6–10 Euro, 6–8 °C.

2. Chardonnay aus Australien. Achten Sie darauf, dass der Wein nicht zu stark im Barrique ausgebaut wurde. Fachhandel, Kaufhaus mit Beratung. 7–12 Euro, 10–12 °C.

Rot

3. Valpolicella Superiore DOC. Die Weine der klassischen Kernzone des Anbaugebiets tragen den Zusatz „Classico" auf dem Etikett. Fachhandel, Kaufhaus (mit Vorsicht, es gibt viele minderwertige Massenweine).
7–10 Euro, 12–14 °C.

4. Bordeaux, Médoc Cru Bourgeois. Da die Qualitäten im ganzen Bordelais sehr unterschiedlich sind, ist eine gute Beratung beim Einkauf unerlässlich. Fachhandel. 8–12 Euro, 16–18 °C.

1. Eine kleine Standortbestimmung

EIN WIEDERSEHEN MIT ALTEN BEKANNTEN

Riesling, Chardonnay und Cabernet Sauvignon

DIE VIELEN SEITEN DER STARS

Versuchen Sie sich Ihre Erfahrung mit den Weinen der Rebsorten Riesling, Chardonnay und Cabernet Sauvignon aus der 2. Verkostungsrunde wieder in Erinnerung zu rufen. Lesen Sie Ihre Degustationsnotizen nochmals durch. Im Verlauf der heutigen Verkostung können Sie dann Ihre damaligen Erfahrungen mit denen von heute vergleichen. Die Antworten finden Sie auf der hinteren Buchklappe.

Was wissen Sie noch über den allgemeinen Charakter, die Herkunft und Verbreitung dieser Rebsorten?

Was bedeuten die Bezeichnungen Kabinett und DOC eigentlich genau?

Haben Sie außerhalb dieses Kurses schon Erfahrungen mit Valpolicella gesammelt? Versuchen Sie sich daran zu erinnern, oder lesen Sie Ihre Notizen, die Sie sich vielleicht aufgeschrieben haben.

2. Die Verkostung der beiden Weißweine

WIR LERNEN DIE FREUDE AM DETAIL KENNEN

Was man in einem Weißwein sehen, riechen und schmecken kann

In das Weinverkosten oder Degustieren, wie es im Fachjargon heißt, sind im Wesentlichen drei Sinnesorgane involviert: Auge, Nase und Gaumen. Der Gaumen selbst besteht jedoch streng genommen aus zwei Sinnesorganen, dem Geschmacks- und dem Tastsinn. Dieser spielt besonders bei Rotweinen und im Zusammenhang mit den Gerbstoffen (Tanninen) ebenfalls eine wichtige Rolle. Mit diesen Sinnesorganen entlocken wir dem Wein nicht nur Genuss, sondern auch eine Vielzahl nützlicher Informationen, die Rückschlüsse auf Charakter, Stil und Qualität sowie Entwicklungsstadium und -potenzial zulassen.

Praxis mit Standard-Verkostungsblatt

Es ist ganz wichtig, sich bei allen Verkostungen auch Notizen zu machen. Erst wenn wir für unsere Eindrücke und Beobachtungen die passenden Wörter suchen müssen, werden sie genauer und präziser. Wir machen uns bewusst, was wir sonst nur als allgemeine Empfindung wahrnehmen. Bei allen Verkostungen verwenden wir deshalb das bekannte Verkostungsblatt. Wir empfehlen Ihnen zudem, sich auch bei anderen Verkostungen möglichst oft Notizen zu machen. Sie ziehen daraus auch dann viel Gewinn, wenn Sie die Aufzeichnungen gar nicht aufheben wollen.

WEINVERKOSTUNG

Für die Weine 1 und 2

Weinbezeichnung: **Rebsorte(n):** **Jahrgang:** **Preis:**

Klarheit: ☐ klar ☐ trüb Intensität: ☐ blass ☐ tief

weiß: ☐ grüngelb ☐ hellgelb ☐ goldgelb rosé: ☐ himbeer ☐ lachs rot: ☐ purpur ☐ rubin ☐ rotbraun

Bemerkungen: (z. B. Kirchenfenster/Rand-Kernzone)

Reintönigkeit: ☐ ja ☐ nein Intensität: ☐ dezent ☐ mittel ☐ intensiv

Aromaausprägung: ☐ fruchtig ☐ blumig ☐ pflanzlich/vegetativ ☐ würzig

Aromaspektrum:

Auftakt: ☐ weich ☐ spritzig Süße: ☐ trocken ☐ süß

Gerbstoffe: ☐ dezent ☐ deutlich ☐ dominant Körper: ☐ leicht ☐ mittel ☐ voll

Abgang: ☐ kurz ☐ mittel ☐ lang Kohlensäure: ☐ unangenehm/grob ☐ angenehm/erfrischend

Qualität: ☐ fehlerhaft ☐ gut ☐ sehr gut ☐ hervorragend Lagerfähigkeit: ☐ jetzt trinken ☐ lagern___Jahre

Bemerkungen:

Auge

Schenken Sie sich den Riesling und den Chardonnay ein und halten Sie die Gläser schräg vor einen weißen Untergrund. Schon der bloße Anblick erlaubt uns eine erste Einschätzung des Zustands des Weins. Insbesondere drei Aspekte spielen hierbei eine wichtige Rolle: die Klarheit, der Farbton und die Farbtiefe. Versuchen Sie die Weine zu vergleichen und zu beurteilen. Etwas Erfahrung haben Sie ja schon gesammelt. Was bedeuten nun die Informationen, die wir so über unsere Weine zusammentragen können?

Klarheit Wir lieben den klaren Glanz des Weins, er vermittelt uns den Eindruck von Gesundheit. Eintrübungen und Schlieren machen uns dagegen misstrauisch. Ein stabiler, gesunder Wein bleibt auch in der Flasche klar und leuchtend. Eintrübungen und Schlieren können dagegen ein Hinweis darauf sein, dass der Wein nicht stabil ist, sondern in der Flasche weiter gegärt hat, oder dass er unter einer Infektion mit Bakterien leidet. Diese „Krankheiten“ können den Wein verderben und ungenießbar machen. Wenn diese Trübung allerdings nur von einem aufgewirbelten Bodensatz stammt, so ist nicht der Wein schuld, sondern der Kellner. Umgekehrt lässt sich jedoch aus einem makellos klaren Wein nicht der Schluss ableiten, es läge kein Weinfehler vor. Viele Beeinträchtigungen lassen sich nämlich nur riechen oder schmecken, nicht aber sehen. Zudem verzichten viele qualitätsbewusste Winzer ganz oder teilweise auf eine Filtrierung ihrer Weine. Diese werden deshalb immer eine leichte „Trübung“ aufweisen.

Wenn der Wein im Glas also nicht ganz klar aussieht, sollten Sie versuchen, die Ursache zu finden. Wenn der Wein schon etwas reifer ist und sich in der Flasche Bodensatz gebildet hat, liegt wohl kein Weinfehler vor, sondern eine Unachtsamkeit des Kellners. Wenn der Kellermeister seinen Wein nicht filtriert hat, vermerkt er das oft auf dem Etikett, um beim Konsumenten keine Unsicherheit zu wecken. Wenn der Wein aber merkwürdig riecht oder sogar stinkt, dann sollten bei Ihnen die Alarmlampen aufleuchten.

Farbton Weißweine sind nicht einfach „weiß“. Vielmehr weisen alle Weinarten eine Vielzahl an Schattierungen auf, die insbesondere Rückschlüsse auf das Reifestadium des Weins erlauben. Weißweine erscheinen in der Jugend häufig blass und zeigen mitunter einen grünlichen Schimmer, der sich mit der Zeit verliert. Mit zunehmender Reife entwickelt sich ein tiefes Goldgelb, das bis hin zu bräunlichen Bernsteintönen reichen kann.

Jede Rebsorte unterscheidet sich auch durch die Farbe ihrer Beeren von der anderen. Wir haben im letzten Kapitel die goldene Farbe des Grauburgunders und des Gewürztraminers bewundern können, sie stammt aus den kupferfarbenen oder braunvioletten Beerenhäuten dieser weißen (!) Rebsorten. Tabellen mit den Farben von Weiß- und Rotweinen finden Sie in der vorderen Buchklappe.

Farbtiefe Die Farbintensität der Beerenhäute ist von Rebsorte zu Rebsorte unterschiedlich und schenkt dem Wein damit auch eine individuelle Farbtiefe. Sie erlaubt daher dem geübten Verkoster Rückschlüsse auf die verwendeten Trauben. Wenn der Winzer im Weinberg durch Ertragsbeschränkung zudem dafür sorgt, dass die ganze Kraft des Weinstocks sich in wenigen Trauben konzentriert, so kann man das auch ganz direkt an der intensiveren Farbe des Weins im Glas ablesen. Ein heller Wein einer Rebsorte, die sonst eher dunkle Weine hervorbringt, kann ein Hinweis darauf sein, dass der Winzer eher Masse als Klasse angestrebt hat.

Nase

So aufschlussreich die Erkenntnisse durch den optischen Eindruck eines Weins auch sind, sie können uns trotzdem nur erste Anhaltspunkte geben, die von Nase und Gaumen noch überprüft werden müssen.

Die Geruchswahrnehmung lässt sich in vier Schritte gliedern, zwei davon können wir gehen, bevor wir den Wein in den Mund nehmen, der dritte folgt über den Nasen-Rachen-Raum wenn wir den ersten Schluck im Mund haben, und der letzte, wenn wir anschließend nochmals am leeren Glas schnuppern.

Der erste Schritt: Riechen am ungeschwenkten Glas Stellen Sie das Glas ruhig auf den Tisch und riechen Sie daran, ohne es zu bewegen. Im ungeschwenkten Glas treten die zartesten und flüchtigsten Duftstoffe von der Weinoberfläche aus. Wir können sie in einem oder mehreren Zügen mit der Nase aufnehmen oder noch besser wie ein Hund schnuppern. So streichen die Duftmoleküle am intensivsten um unsere Geruchsnerven. Die Aromen, die man jetzt riechen kann, sind in der Regel noch recht schwach ausgeprägt.

Der zweite Schritt: Riechen am geschwenkten Glas Schwenken Sie nun das Glas, das haben Sie seit der ersten Verkostungsrunde ja schon fleißig geübt. Durch das Schwenken wird die Weinoberfläche vergrößert und das Entweichen weiterer Duftstoffe beschleunigt. Die quirlende Bewegung verstärkt den Übertritt von Duftmolekülen in den Glashohlraum. Der zugeführte Luftsauerstoff fördert zudem die Aromaentwicklung. So ist es nachvollziehbar, dass nach dem Schwenken des Glases nicht nur einige Aromen deutlicher zum Vorschein kommen, sondern auch

AROMAKATEGORIEN

Fruchtig Riecht ein Weißwein nach einheimischen Früchten wie Äpfeln und Pfirsichen oder eher exotisch nach Ananas, Papaya oder Mango? Der Eindruck von reifen Früchten ist ein Hinweis auf einen Wein mit einem schon etwas kräftigeren Körper.

Blumig Manche Weißweine versprühen einen mehr oder weniger intensiven Blütenduft. Dies ist oft ein Hinweis auf eine besondere Rebsorte wie Viognier in Südfrankreich oder Scheurebe in Deutschland

Pflanzlich/vegetativ Manche Weine riechen nach frisch geschnittenem Gras oder Heu. Ist der Eindruck von „grün“ vorherrschend, so kann das auch ein Hinweis auf unreife Trauben sein. Häufig finden sich in dieser Kategorie aber auch kohlartige Gerüche, die sich zum Teil bei längerem Luftkontakt verflüchtigen. Dekantieren Sie den Wein oder schwenken Sie ihn intensiv im Glas. Schon nach einigen Minuten kann dieser Fremdgeruch verflogen sein.

Würzig Würzige Aromen wie Vanille, Nelke, Zimt oder Rauch sind ebenfalls anzutreffen. Sie stammen meist aus der Reifung des Weins im Holzfass. Manche sind aber auch typisch für eine Rebsorte (etwa Pfeffer für Syrah, Lorbeer für Châteauneuf-du-Pape, Muskat für Müller-Thurgau).

neue Duftnoten hinzutreten, die beim ersten Riechen gar nicht wahrnehmbar waren. Diese können die Aromen aus dem ungeschwenkten Glas mitunter teilweise überdecken.

Versuchen Sie nun die Aromen, die Sie im Duft der beiden Weißweine wahrnehmen, zu beschreiben. Ihre spontanen Eindrücke sind dabei die wertvollsten. Und: es geht jetzt nicht in erster Linie darum, möglichst viele verschiedene Duftnoten herauszuschnuppern, sondern wir wollen die Aromaausprägung, also den Geruch des Weins erfassen. Es ist daher ratsam, zuerst größere Aromengruppen zu unterscheiden: Riecht der Wein eher fruchtig, blumig, pflanzlich/vegetativ oder würzig. Die nebenstehende Liste kann Ihnen dabei helfen.

Je mehr Aromen ein Wein verströmt, umso vielschichtiger, interessanter und damit auch hochwertiger ist er erfahrungsgemäß.

Gaumen

Der Gaumen fügt dem Geruchssinn der Nase gleich zwei neue Sinne hinzu, den Geschmackssinn und den Tastsinn: Wir schmecken und fühlen den Wein. Zusätzlich leitet er den Duft des Weins über die Hintertür des Rachens nochmals in den Nasenraum. Hier im Mund kommt also alles zusammen: Duft, Geschmack und „Anfühlung" des Weins.

Der dritte Schritt: Beim Trinken riechen Jetzt endlich dürfen Sie einen ordentlichen Schluck in den Mund nehmen. Wählen Sie dafür den Riesling. Aber bitte noch nicht schlucken, jetzt wird's nämlich ein wenig kompliziert. Der Wein erwärmt sich auf der Zunge und gibt dabei nochmals weitere und zum Teil auch neue Duftstoffe frei. Wenn Sie nun etwas Luft durch den halb geöffneten Mund einziehen (ganz geräuschlos wird und muss das nicht vor sich gehen) und durch die Nase ausatmen, kommt die Nase zum dritten Mal zum Einsatz. Das ist die Geruchswahrnehmung über den Nasen-Rachen-Raum. Versuchen Sie nun festzustellen, ob sich die Aromenausprägung verschiebt oder nur klärt und intensiviert.

Ein Zwischenschritt: Der Geschmack Der Höhepunkt des Weinverkostens ist natürlich der Geschmack. Zugleich ist die Geschmacksprobe aber auch der anspruchsvollste Part der gesamten Degustation.

Den Geschmack eines Weins zu beschreiben fällt schwerer, als sein Aussehen oder seinen Geruch zu schildern, weil die Zeit, in der sich der Wein im Mund befindet, vergleichsweise kurz ist.

Riechen Sie zuerst am ungeschwenkten, dann am geschwenkten Wein im Glas.

Schmecken

Nehmen Sie jetzt einen Schluck vom Chardonnay in den Mund und verfolgen Sie möglichst konzentriert und aufmerksam, was alles in Ihrer Mundhöhle abläuft.

So kurz die Wahrnehmung am Gaumen auch sein mag, wir können darin doch deutlich drei Phasen feststellen und unterscheiden: den Auftakt, die Entwicklung und den Abgang.

Auftakt Der Wein trifft zum ersten Mal auf die Zunge. Dieser spannungsgeladene Augenblick verlangt unsere ganze Aufmerksamkeit, denn er ist der flüchtigste und wird gleich von der folgenden Entwicklungsphase überdeckt. Diese erste Geschmacksprüfung ist durch den so genannten Weichkomplex geprägt. Hierunter fallen all jene Komponenten, die zur Süßeempfindung beitragen: Restzucker, Alkohol und Glycerin (ein öliger höherwertiger Alkohol). Bei kohlensäurehaltigen Weinen verursacht die Entladung von CO_2 zusätzlich den Eindruck von Spritzigkeit.

Entwicklung Nun breitet sich der Wein im Mund aus. Wir helfen ihm dabei, indem wir ihn „kauen" und mit der Zunge im Mund herumwälzen, bis alle unsere Schleimhäute und die ganze Zunge gleichmäßig von ihm benetzt sind. In dieser zweiten Phase wird der Weichkomplex durch die Strukturkomponenten Säure und Gerbstoff ergänzt. Die Säurewahrnehmung äußert sich durch Speichelfluss (Saftigkeit). Gerbstoff ist weniger schmeck- als fühlbar. Er verursacht ein austrocknendes und adstringierendes (zusammenziehendes) Gefühl auf den Mundschleimhäuten. Er ist vor allem bei Rotweinen ein wichtiges strukturierendes Element. In der Entwicklungsphase lässt sich auch der Körper des Weins beurteilen. Hierunter versteht man den allgemeinen Eindruck von Fülle, den der Wein im Mund hinterlässt. Alkoholreiche Weine oder Weine mit leichter Restsüße wirken fülliger als Weine mit weniger Alkohol und prägender Säure. Erzeugnisse aus dem Norden sind meist eher leichtgewichtig (oft geht dies auch mit Spritzigkeit im Auftakt einher). Weine aus südlicheren Regionen können dagegen schwer und mächtig wirken.

Abgang (Synonyme: Nachhall oder Finale) Nach dem Schlucken (oder Spucken) klingt der Wein noch für eine kurze Zeit an unserem Gaumen nach. Nun fügen sich alle Komponenten zu einem Gesamtbild zusammen. Dabei ist das positive Zusammenspiel von Weichkomplex und Strukturanteil für die Harmonie wichtig. Ein Wein ist dann harmonisch, wenn Süße-, Säure- und Gerbstoffanteil gut aufeinander abgestimmt sind. Darüber hinaus gilt es, die Länge des Abgangs zu beurteilen, also die Dauer, während der der Wein nach dem Hinunterschlucken noch geschmacklich nachwirkt. Ein kurzer Wein verflüchtigt sich geschmacklich unmittelbar nach dem Hinunterschlucken, während ein langer, ausgeprägter Wein seine Fruchtaromen noch eine Weile im hinteren Bereich des Mundes ausklingen lässt. Ein langer Abgang ist ein Hinweis auf gute Qualität.

Nachdem Sie den Wein nun in Hinblick auf alle Aspekte wahrgenommen haben, sind die Gläser leer. Der Wein ist entweder getrunken, oder aber Sie gießen ihn in den Kübel, der dafür bereitsteht. Zeit für den nächsten Schritt.

Der vierte Schritt: Riechen am geleerten Glas

Auch wenn das Glas leer ist, lebt der Weingeist noch eine Weile in ihm weiter. Wenn Sie jetzt am Glas riechen, werden Sie erstaunt sein, wie lange und intensiv der Duft des Weins noch nachklingt. Diese Düfte rühren von Duftmolekülen her, die so schwer sind, dass sie sich erst nach längerem Kontakt mit Luftsauerstoff lösen. Es sind daher nochmals etwas andere Düfte, die wir jetzt im Glas wahrnehmen können.

Das Testlabor Zunge

Abschließend noch ein Tipp: Es ist von Vorteil, sich vor und während der Verkostung zu vergegenwärtigen, auf welchen Zonen der Zunge welche Grundgeschmacksrichtung besonders deutlich wahrzunehmen ist. Das hilft Ihnen, die Geschmackseindrücke rascher zu identifizieren.

Im Unterschied zu den Tausenden von Aromen, die die Nase unterscheiden kann, schafft die Zunge gerade mal vier Geschmacksrichtungen: süß, sauer, salzig und bitter. Für das Weinverkosten ist die Paarbeziehung süß-sauer von größter Bedeutung, bittere Geschmacksstoffe finden sich ebenfalls häufig in Weinen, während ein salziger Eindruck nur selten wahrgenommen wird.

Süß Gemeinhin wird Süße mit dem Vorhandensein von Zucker assoziiert.

In der Tat hat der Restzuckergehalt bei vielen Weinen einen entscheidenden Einfluss auf ihre Süße. Bei den meisten Weinen wurde der ursprünglich im Most enthaltene Zucker jedoch von den Hefen während der Gärung weitestgehend in Alkohol und CO_2 umgewandelt, sodass der geringe Rest nicht mehr schmeckbar ist. Dennoch erwecken diese – trockenen – Weine oft einen mehr oder weniger spürbaren Eindruck von Süße. Dieser rührt von den Aromen der natürlich gereiften Früchte, geringen Mengen Glycerin, einem Nebenprodukt der Gärung, sowie vom Alkohol her. Je höher der Alkoholgehalt, desto deutlicher ist auch bei trockenen Weinen der Eindruck von Süße.

Süße wird im Allgemeinen primär an der Zungenspitze wahrgenommen.

Sauer Die wichtigsten Säuren des Weins – Wein- und Apfelsäure – stammen aus der Traube. Je wärmer das Klima ist, desto stärker bauen sich die Säuren bereits in der Traube ab. Während der Gärung entstehen in geringen Mengen weitere Säuren. Auch die Essigsäure ist ein natürlicher Bestandteil des Weins. In einem gesunden, sauberen Wein ist sie allerdings nicht wahrnehmbar. Wann immer man sie schmecken kann, liegt ein Weinfehler (Essigstich) vor. Die Säurewahrnehmung geschieht vor allem an den hinteren Zungenrändern. Auch ein vermehrter Speichelfluss ist ein deutlicher Indikator für Säure.

Salzig Obwohl jeder Wein Salze enthält, kommen diese geschmacklich nur selten zum Tragen. Sie können daher an dieser Stelle vernachlässigt werden. Eine Ausnahme bildet jedoch die Petite Arvine aus der Schweiz und der Sherry aus dem südlichen Spanien. Man schmeckt das Salz an den vorderen Zungenrändern.

Bitter Bitteres entsteht in Weinen etwa durch zu starkes Quetschen von Schalen und Kernen. Auch das Eichenfass kann bittere Geschmacksstoffe hervorrufen. Bitteres schmecken wir insbesondere am Übergang der Zunge in den Rachenraum.

Umami Der Vollständigkeit halber erwähnen wir noch einen fünften Grundgeschmack, den man mit dem japanischen Wort Umami bezeichnet, was Wohlgeschmack bedeutet. Man nimmt ihn auf der Zungenmitte wahr, und er erinnert an die herzhafte Geschmacksverstärkung von Glutamat. Wir kennen ihn von Sojasauce, Parmesan und von Weinen aus dem Bordelais.

3. Die Verkostung der beiden Rotweine

WIR LERNEN AUCH SIE NÄHER KENNEN

Was man in einem Rotwein sehen, riechen und schmecken kann

Bei der Verkostung der beiden Rotweine gehen wir nach dem gleichen Schema vor wie bei den Weißweinen. In einigen Punkten unterscheiden die beiden Weinkategorien sich aber grundsätzlich. Auf diese wollen wir uns jetzt konzentrieren.

Auge

Schenken Sie sich die beiden Rotweine ein und vergleichen Sie ihre Klarheit, ihre Farbe und ihre Farbtiefe.

Rotweine sind im jugendlichen Stadium nicht selten purpurrot und weisen Violettreflexe (hoher Blauanteil) auf, die sich mit der Zeit zu Rubinrot, Rostrot und schließlich zu deutlichem Braun entwickeln. Darüber hinaus lässt sich anhand der Farbtiefe (Dichte) von Rotweinen auch ablesen, ob sie eher jugendlich oder gereift sind: je älter der Rotwein, desto blasser seine Farbe. Insbesondere Aufhellungen am Glasrand verraten fortgeschrittene Reife.

Nase

Schnuppern Sie nun sowohl am unbewegten wie am geschwenkten Glas und versuchen Sie die Aromen in gleicher Weise aufzunehmen wie bei den Weißweinen. Sie werden eine

WEINVERKOSTUNG

Für die Weine 3 und 4

Weinbezeichnung: **Rebsorte(n):** **Jahrgang:** **Preis:**

Klarheit: ☐ klar ☐ trüb Intensität: ☐ blass ☐ tief

weiß: ☐ grüngelb ☐ hellgelb ☐ goldgelb rosé: ☐ himbeer ☐ lachs rot: ☐ purpur ☐ rubin ☐ rotbraun

Bemerkungen: (z. B. Kirchenfenster/Rand-Kernzone)

Reintönigkeit: ☐ ja ☐ nein Intensität: ☐ dezent ☐ mittel ☐ intensiv

Aromaausprägung: ☐ fruchtig ☐ blumig ☐ pflanzlich/vegetativ ☐ würzig

Aromaspektrum:

Auftakt: ☐ weich ☐ spritzig Süße: ☐ trocken ☐ süß

Gerbstoffe: ☐ dezent ☐ deutlich ☐ dominant Körper: ☐ leicht ☐ mittel ☐ voll

Abgang: ☐ kurz ☐ mittel ☐ lang Kohlensäure: ☐ unangenehm/grob ☐ angenehm/erfrischend

Qualität: ☐ fehlerhaft ☐ gut ☐ sehr gut ☐ hervorragend Lagerfähigkeit: ☐ jetzt trinken ☐ lagern___Jahre

Bemerkungen:

Fülle neuer und in beiden Weinen auch ganz unterschiedlicher Aromen feststellen. Versuchen Sie diese mit den gleichen Kategorien (fruchtig, blumig, pflanzlich/vegetativ, würzig) zu beschreiben wie bei den Weißweinen.

Gaumen

Nehmen Sie nun aus den beiden Gläsern je einen herzhaften Schluck in den Mund, schlürfen Sie ein wenig und versuchen Sie die drei Phasen – Auftakt, Entwicklung und Abgang – bei jedem konzentriert mitzuverfolgen. Achten Sie ganz besonders auch auf die Gerbstoffe (Tannin), die Sie bei den Weißweinen noch kaum wahrnehmen konnten.

Über den Valpolicella

Die drei anderen Weine dieser Verkostungsrunde haben wir schon bei früheren Degustationen kennen gelernt, der Valpolicella ist jedoch neu: Dieser berühmte Wein wächst in der Hügelzone nördlich von Verona auf den mineralisch reichen Böden eines erloschenen Vulkans, den Monti Lessini. Er wird aus drei Rebsorten gekeltert: der hochwertigen und charaktervollen Corvina, der körperreichen Rondinella und der Molinara, die dem Wein Frische und Säure schenkt. Die Weine aus der traditionsreichen terrassierten Kernzone der Region dürfen sich Valpolicella Classico nennen. Sie sind in der Regel viel besser als die aus den Weinbergen, die weiter unten in der Ebene liegen und die nur Valpolicella heißen dürfen. Ein guter Valpolicella Classico leuchtet in einem hellen Kirschrot und verströmt einen erfrischenden Duft nach Amarenakirschen, Himbeeren und Bittermandeln. Er besitzt eine angenehme saftige Säure und einen Abgang, der ebenfalls an die leichte Bitterkeit der Amarenakirschen erinnert. Meist ist er ein herzhafter, munterer Trinkwein, in der Hand des richtigen Winzers kann der Valpolicella aber auch eine eindrucksvolle Persönlichkeit entwickeln.

4. Weiße und Rote im Vergleich

WAS EINEN ROTWEIN VON EINEM WEISSWEIN UNTERSCHEIDET

Die Bedeutung der Gerb- und Farbstoffe

Gerbstoffe

In den Beerenhäuten (Schalen) jeder Traube, ganz gleich ob weiß oder rot, befinden sich Gerbstoffe. Bei Rotweinen werden vor allem bei der traditionellen Maischegärung die Gerbstoffe zusammen mit der Farbe aus den Traubenschalen herausgelöst. Da bei Weißweinen der Saft sofort abgepresst und vergoren wird, verfügen sie auch nicht über annähernd so viele Gerbstoffe wie Rotweine. Auf diese unterschiedlichen Verfahren bei der Herstellung von Weiß- und Rotwein werden wir in den beiden nächsten Verkostungen nochmals ausführlich zurückkommen. Neben der sensorischen (geschmacklichen) Wirkung des Tannins, so der Fachbegriff für die Gerbstoffe, sind noch zwei weitere Aspekte bemerkenswert: So bewirkt das Tannin, dass sich der Oxidationsprozess des Weins verlangsamt. Diese Funktion des Tannins als „naturgegebenes Konservierungsmittel" ist der Grund dafür, warum Rotweine häufig erheblich länger reifen können als Weißweine. Darüber hinaus wird dem Tannin auch eine gesundheitsfördernde Wirkung zugeschrieben. So betonen einige Mediziner, dass die Gerbstoffe der Arterienverkalkung und somit Koronarerkrankungen vorbeugen. Nicht umsonst sagt ein altes deutsches Sprichwort augenzwinkernd: „Rotwein ist für alte Knaben eine von den besten Gaben.“

Farbstoffe

Die Farbstoffe sind das auffälligste Merkmal der Rotweine. Sie entstehen in den Beerenhäuten nach dem so genannten Farbumschlag. In diesem Stadium der Reife verändert sich die Beere in ihrer Entwicklung ganz entscheidend: Sie beginnt stark zu schwellen, bildet vermehrt Zucker und verändert ihre Farbe von grün zu blauschwarz. Die dabei entstehenden Farbstoffe nennt man Anthocyane, was auf griechisch blaue Blütenfarbe bedeutet. Und tatsächlich sind viele rote bis blaue Farbstoffe in der Natur eng mit denen der Traubenbeeren verwandt. Diese Anthocyane sind bei jeder Rebsorte chemisch etwas anders aufgebaut und können in vielfacher Weise mit anderen Inhaltsstoffen des Mosts, vor allem mit den Säuren und dem Tannin, Verbindungen eingehen, die sich entscheidend auf den Duft und den Geschmack des Weins auswirken. Da sie zudem mit der Zeit immer komplexer werden und Tannin an sich zu binden vermögen, sind sie auch bei der Reifung des fertigen Weins mit beteiligt. Bei diesem Prozess wird ein Teil der Moleküle so groß, dass sie nicht mehr im Wein gelöst bleiben können und deshalb als Bodensatz ausgefällt werden. Das ist der Grund dafür, dass reifender Rotwein immer heller wird und seine anfängliche Tanninherbe mit der Zeit verliert.

Der rote Farbstoff ist daher in vielfältiger Weise auch für den Duft und Geschmack des Rotweins verantwortlich. Der Kellermeister versucht deshalb, je nach seinen Vorstellungen vom fertigen Wein mehr oder weniger davon bei der Gärung aus den Traubenschalen herauszulösen. Er kann auf diese Weise den Charakter des Weins entscheidend prägen.

5. Die Herkunft der Weinaromen

AUS TRAUBE, VERARBEITUNG UND LAGERUNG

Einteilung in drei Kategorien

Aromen im Wein können unterschiedlichster Herkunft sein. In der Regel wird zwischen drei Kategorien unterschieden.

Primäraromen

Sie rühren direkt von der Traube her und geben dem geübten Verkoster Hinweise auf die möglicherweise verwendete Rebsorte. So riecht Cabernet Sauvignon beispielsweise häufig nach Schwarzen Johannisbeeren, Riesling nach Pfirsichen, Sauvignon blanc nach Stachelbeeren usw.

Sekundäraromen

Sie resultieren aus der Traubenverarbeitung und dem Gärprozess. Insbesondere während des Pressvorgangs werden bei Weißweinen mitunter Aromen freigesetzt, die an frisch geschnittenes Gras oder Heu erinnern. Bestimmte Gärverfahren können beispielsweise den Duft von Bananen freisetzen. Auch kann Hefegeruch durch die Gärung hervorgerufen werden. Ein berühmtes Beispiel werden wir in der Champagnerverkostung kennen lernen.

Karamell- und Vanillearomen entstehen auch durch das „Toasten" der Fässer.

Tertiäraromen

Diese entstehen infolge der Lagerung des Weins im Holzfass und in der Flasche. Die Aromen aus dem Fass erinnern häufig an Gewürznelken, Zimt, Vanille oder Rauch. Je nachdem, wie lange der Wein im Fass gelegen hat und ob ein neues oder gebrauchtes Fass verwendet wurde, ist der Geruch mehr oder weniger stark. Auch in der Flasche kann sich der Wein noch über Jahre, in Ausnahmefällen sogar über Jahrzehnte, weiterentwickeln und dabei immer neue Aromen ausbilden.

Aromatabellen

Angesichts der großen Vielfalt von Aromen, die in Weinen festgestellt werden können, ist es insbesondere für ungeübte Verkoster oftmals schwierig, ihre Sinneswahrnehmungen in Worte zu fassen. In der vorderen Klappe dieses Buches finden Sie zwei Tabellen, je eine für Rot- und eine für Weißweine, die Ihnen bei der Suche nach Aromen und Worten behilflich sein können. Sie unterteilen gängige, d. h. relativ häufig in Weinen festgestellte, Aromen zunächst in Kategorien, z. B. fruchtig, und bieten sodann Vorschläge an, wie diese weiter differenziert werden können. Ausgehend von der Kategorie „fruchtig" kann man sich dann beispielsweise zu „Zitrusfrüchte" vorarbeiten und in einem nächsten Schritt schließlich bei „Grapefruit" landen. Die letzte Spalte gibt zu jedem Aroma Weinbeispiele an, die dafür typisch sind. Ein Blick in diese Aufzählung zeigt, dass einzelne Aromen immer mit bestimmten Rebsorten verbunden sein können, andere mit Regionen. Nochmals andere stehen in Verbindung von Rebsorte und Region.

Das berühmteste Château in der Landschaft Graves im Bordelais ist das Château Haut-Brion.

BORDELAISER IKONEN

Weltberühmte Vorbilder

von André Dominé

DIE GROSSEN ROTWEINE des Bordelais sind die Richtschnur, an der sich Winzer und Weinmacher überall in der Welt bis heute orientieren. Ob in Europa, Nord- und Südamerika, Australien und Neuseeland oder Südafrika – jeder auf hochwertige Rotweine ausgerichtete Betrieb misst seine eigenen Erzeugnisse an den weltberühmten Ersten Gewächsen des Médoc oder den herausragenden Châteaux Saint-Emilions oder Pomerols. Das liegt nicht allein an den ausgezeichneten Rebsorten Cabernet Sauvignon und Merlot, sondern in nicht unerheblichem Maß auch an dem Ruf und dem Prestige, das sich die Bordelaiser Güter über Jahrhunderte hinweg im Rest der Weinwelt erworben und hartnäckig bewahrt haben.

Makler und Händler verstanden die Qualitäten sehr genau zu unterscheiden, die ihnen angeboten wurden. Auf diese Weise entwickelte sich zunächst eine inoffizielle Klassifizierung aufgrund der gezahlten Preise.

Alles begann ungefähr um das Jahr 1660. Arnaud de Pontac, der in Bordeaux residierende Parlamentspräsident der Guyenne, setzte auf Haut-Brion, dem ererbten Familiengut vor den Toren der Stadt, auf Kiesböden Rebstöcke. Als die Zeit reif war, hatte er die Lese in einen Rotwein von ungewöhnlicher Qualität verwandelt. Mit kaufmännischem Geschick erschloss er seinem „Ho-Bryan" nicht nur einen sehr betuchten Londoner Kundenkreis, sondern auch einen Platz an der Spitze der damaligen Weinhierarchie. Das weckte gleichermaßen Neid wie Interesse anderer begüterter Bürger von Bordeaux. Auf der fieberhaften Suche nach ähnlichen Kiesböden wie die Graves stießen sie bald auf die neu gewonnenen Ländereien des Médoc, wo Holländer schon Anfang des 17. Jahrhunderts die ausgedehnten Sümpfe trocken gelegt hatten. Als erste waren genau die Güter verkauft, die später zu Premiers Crus aufsteigen sollten, was den bemerkenswerten Sachverstand der Bordelaiser illustriert. Lafite, Latour und Margaux waren neben Haut-Brion schon bald die gefragtesten Adressen.

Der Hafen von Bordeaux war Zentrum des Weinhandels, aber auch bedeutender Umschlagplatz für Waren aus den Kolonien. Im 18. Jahrhundert erlebte der Handel einen kraftvollen Aufschwung und zog viele ausländische Kaufleute an die Gironde. Vor allem Engländer und Iren, aber auch Holländer und Deutsche eröffneten ihre Kontore am Quai des Chartrons vor den Mauern der Stadt. Der Weinhandel florierte, und die Bordelaiser weiteten ihre Pflanzungen beträchtlich aus. Makler und Händler verstanden die Qualitäten sehr genau zu unterscheiden, die ihnen angeboten wurden. Auf diese Weise entwickelte sich zunächst eine inoffizielle Klassifizierung aufgrund der gezahlten Preise. Zur Pariser Weltausstellung 1855 präsentierte Bordeaux dann die offizielle Klassifizierung seiner Güter. Sie bezieht sich auf Haut-Brion und das Médoc sowie auf Sauternes und Barsac und hat auch heute noch ein solches Gewicht, dass man davor zurückschreckt, sie zu aktualisieren.

Ideale Bedingungen

Die Voraussetzungen des Erfolgs lagen nicht zuletzt in den für Weinbau günstigen Bedingungen des

Der helle Turm des Château Latour ist das Wahrzeichen des Médoc.

Médoc. Sein Klima wird durch die Nähe des Atlantiks und die Nachbarschaft der Gironde gemäßigt. Fröste gibt es nur selten. Heiße Sommer sorgen für gute Reife, auch wenn der Herbst unstabileres Wetter bringt. Auf den gut durchlässigen, Wärme speichernden und mageren Kiesböden reifen gesunde Trauben. Und obendrein stehen mit Cabernet Sauvignon und Merlot zwei hochwertige Rebsorten zur Verfügung, die sich ausgezeichnet ergänzen. Beim Aufstieg der Médoc-Güter spielten Rebsorten allerdings eine untergeordnete Rolle, und Merlot war dort gänzlich unbekannt.

Da die Halbinsel vergleichsweise spät bepflanzt wurde, war ihr Sortenspiegel begrenzt: Cabernet Sauvignon stand an prominenter Stelle, oft verbunden mit Malbec, ergänzt durch Cabernet franc, Petit Verdot und Carmenère. Erst Ende des 18. Jahrhunderts begann man Rebsorten mehr Aufmerksamkeit zu schenken. In den folgenden Jahrzehnten verbreitete sich die Einsicht, dass die beiden Cabernets und Merlot die besten Resultate ergaben. Mit der Zeit wurde der Stil der Médoc-Weine prägnanter, die Kunst der Assemblage (die Zusammenstellung der einzelnen, meist sortenrein ausgebauten Partien zum endgültigen Verschnitt) weiter perfektioniert.

Es ist der Cabernet Sauvignon, der die Médoc-Weine am stärksten prägt und hier sein wohl großartigstes Terroir gefunden hat. Seine Aromen von Cassis, Zedernholz und – wenn er nicht voll ausreift – grünem Paprika, aber auch seine dunkle Farbe, seine Struktur und der Reichtum an Tanninen verdankt der Wein Charakter und hohes Alterungspotenzial. Er ist vorzüglich für den Ausbau im Barrique geeignet, dessen Noten seinem Bukett Komplexität verleihen. Kaum ein anderer Wein wird durch lange Flaschenreife so verfeinert. Diese Eigenschaften sicherten den großen Médoc-Weinen ihren Erfolg und ihren Platz bei den besten Diners und Banketten.

Der beste Partner

Ideale Ergänzung zum Cabernet Sauvignon ist der Merlot, denn er reift früher, entwickelt viel Frucht, Rundheit und mehr Alkohol. In der Assemblage rundet er den oft recht harten Cabernet ab und gibt ihm mehr Fülle und Frucht. Im Bordelais wird er vom Cabernet nur im Médoc und in Graves übertrumpft, in allen anderen Gebieten spielt der Merlot die Hauptrolle. Seine größten Triumphe feiert er in Saint Emilion und Pomerol. Die Weine dort, die im Vergleich zu jenen des Médoc viel mehr Charme und Samtigkeit besitzen, erlangten eigentlich erst im 20. Jahrhundert durch die Weinhändler von Libourne internationale Anerkennung. Auch als Beispiele und Maßstäbe für weitere Anbauregionen folgten sie und der Merlot erst lange nach dem Médoc und dem Cabernet Sauvignon. Die Newcomer kopierten die Bordeaux-Methoden vom Anbau über die Vinifikation bis zum Ausbau im Barrique. Aber erst aufgrund eigener Erfahrung und der Anpassung an die eigenen natürlichen Bedingungen gelingen ihnen inzwischen Weine, die sich zweifellos mit den berühmten Vorbildern messen können.

Ideale Ergänzung zum Cabernet Sauvignon ist der Merlot, denn er reift früher, entwickelt viel Frucht, Rundheit und mehr Alkohol. In der Assemblage rundet er den oft recht harten Cabernet ab und gibt ihm mehr Fülle und Frucht.

WEISSWEIN UND *Weißweinstile*

VON RASSIG UND FRISCH BIS WEICH UND VOLL

▸ *Unterschiede erkennen und benennen*

In den bisherigen Verkostungsrunden haben wir eine Vielzahl von Weinen kennen und verstehen gelernt und uns dabei am Reichtum der Weinwelt erfreut, der dahinter sichtbar wurde. In dieser und der nächsten Runde geht es nun darum, in diesen Reichtum etwas Ordnung zu bringen. Wir stellen uns die Frage, ob man Kriterien finden kann, um die vielen einzelnen Weine zu gruppieren und bestimmten Geschmacksrichtungen zuzuordnen. Solche Geschmacksrichtungen nennen wir Stile. In dieser Runde versuchen wir anhand der Verkostung von zwei Weinen aus Frankreich die beiden Hauptstilrichtungen der Weinwelt zu entdecken: die Stilrichtung der strukturbetonten und die Stilrichtung der körperbetonten Weine.

An einem zweiten Paar von Weinen, diesmal aus Italien, überprüfen wir das Resultat und finden dabei vielleicht sogar eine dritte Gruppe, die die Vorzüge beider Stilrichtungen harmonisch in sich vereinigt.

DIE SHOPPING-TOUR

Kaufen Sie für dieses Tasting folgende 4 Weine ein:

Frankreich

1. Bordeaux, Entre-Deux-Mers. Diese Weine werden in der Regel aus Sauvignon blanc und Sémillon verschnitten. Wenn Sie die Wahl haben, geben Sie einem Wein den Vorzug, in dem der Sauvignon dominiert. Wählen Sie aber trotzdem keinen reinen Sauvignon. Fachhandel oder Kaufhaus. 7–10 Euro, 8–10 °C.

2. Coteaux du Languedoc. Achten Sie beim Einkauf auf die Rebsorten. Der Wein sollte aus den Rebsorten Marsanne/Roussanne oder Viognier gekeltert sein. Diese werden oft auch mit anderen Rebsorten (z.B. Chardonnay) verschnitten. Wenn Sie die Wahl haben, geben Sie einem sortenreinen Wein den Vorzug. Unbedingt Fachhandel, 8–12 Euro, 8–10 °C.

Italien

3. Sauvignon aus dem Friaul. Die besten Weine stammen aus dem Collio oder den Colli Orientali, auch aus den Gebieten Grave del Friuli oder Isonzo können sehr schöne Weine kommen. Der Wein sollte nicht im Barrique ausgebaut sein. Verlassen Sie sich auf Ihren Weinhändler. Fachhandel oder Kaufhaus mit Beratung. 6–8 Euro, 6–8 °C.

4. Soave Classico Superiore oder Soave Classico. In dieser Anbauzone wird auch sehr viel minderwertige Massenware produziert, es ist daher wichtig, dass Sie Ihren Wein bei einem vertrauenswürdigen Weinhändler kaufen. Fachhandel oder Kaufhaus mit zuverlässiger Beratung. 7–10 Euro, 8–10 °C.

1. Eine kleine Standortbestimmung

NUR EINFACH „NASE“ UND „GAUMEN“ GENÜGT NICHT MEHR

Die Aromenkategorien und die Gaumenwahrnehmung

SELBSTTEST DEGUSTATION

Nase In welche vier Kategorien kann man die vielen verschiedenen Weinaromen einordnen?

Gaumen Wir unterscheiden bei der Gaumenwahrnehmung drei Phasen: den Auftakt, die Entwicklung und den Abgang. Welche Merkmale eines Weins können wir in jeder dieser drei Phasen entdecken?

Es ist für das Verständnis der Weinstile, denen wir uns in dieser Runde widmen wollen, wichtig, sich die Antworten auf diese beiden Fragen nochmals genau zu vergegenwärtigen.

2. Die beiden Weine aus Frankreich

WIR SUCHEN NACH KRITERIEN FÜR DIE WEINSTILE

▸ *Wir beginnen wie immer beim Wein im Glas*

PRAXIS AUFTAKT UND SÄURE

Schenken Sie sich Weine 1 und 2 ein und verkosten Sie sie nach dem Schema Auge, Nase und Gaumen, wie es für Sie ja bereits zur Routine geworden ist. Notieren Sie Ihre Beobachtungen auf dem Degustationsblatt. Achten Sie jetzt aber besonders auf die folgenden Punkte:

Welcher Wein hat den weicheren Auftakt?

Welcher Wein hat die prägnantere Säurestruktur?

Versuchen Sie nun alle Beobachtungen zusammenzutragen und die beiden Weine zu vergleichen und stilistisch zu analysieren.

WEINVERKOSTUNG

▸ *Für die Weine 1 und 2*

Weinbezeichnung: **Rebsorte(n):** **Jahrgang:** **Preis:**

Klarheit: ☐ klar ☐ trüb Intensität: ☐ blass ☐ tief

weiß: ☐ grüngelb ☐ hellgelb ☐ goldgelb rosé: ☐ himbeer ☐ lachs rot: ☐ purpur ☐ rubin ☐ rotbraun

Bemerkungen: (z. B. Kirchenfenster/Rand-Kernzone)

Reintönigkeit: ☐ ja ☐ nein Intensität: ☐ dezent ☐ mittel ☐ intensiv

Aromaausprägung: ☐ fruchtig ☐ blumig ☐ pflanzlich/vegetativ ☐ würzig

Aromaspektrum:

Auftakt: ☐ weich ☐ spritzig Süße: ☐ trocken ☐ süß

Gerbstoffe: ☐ dezent ☐ deutlich ☐ dominant Körper: ☐ leicht ☐ mittel ☐ voll

Abgang: ☐ kurz ☐ mittel ☐ lang Kohlensäure: ☐ unangenehm/grob ☐ angenehm/erfrischend

Qualität: ☐ fehlerhaft ☐ gut ☐ sehr gut ☐ hervorragend Lagerfähigkeit: ☐ jetzt trinken ☐ lagern ___ Jahre

Bemerkungen:

Sie haben nun die verschiedenen Weine verkostet und sich dabei Notizen gemacht. Diese beziehen sich jeweils auf die ganz bestimmten Weine, die Sie im Glas haben. Sie stammen von einem bestimmten Winzer und aus einem ebenso bestimmten Jahrgang. In den folgenden Weinbeschreibungen versuchen wir dagegen die typischen Merkmale zu beschreiben, die für diese Weine unabhängig vom Produzenten und vom Jahrgang charakteristisch sind. Ihre Notizen können diesen Beschreibungen sehr ähnlich sein, aber durchaus auch leichte Abweichungen aufweisen.

Entre-Deux-Mers

Auge Blasses Gold mit leichten Grüntönen.
Nase Intensiv und vielschichtig. Im Vordergrund stehen vegetabile Aromen wie frisch geschnittenes Gras, Buchsbaum, Brennnesselblätter, dazu treten blumige Düfte wie Orangen- und Akazienblüten. Im Hintergrund können auch einige fruchtige Aromen wahrgenommen werden, besonders Zitrusfrüchte wie Grapefruits und Zitronen, aber auch exotische Früchte wie Mangos oder Melonen. Vielleicht entdecken Sie sogar kräuterwürzige Noten von Salbei.
Gaumen Der Wein ist trocken im Auftakt. Wir nehmen keine spürbare Süße wahr. Er trifft unsere Zunge nicht eigentlich weich und rund, sondern eher etwas spitz, vielleicht sogar aggressiv. In der Entwicklungsphase spüren wir seine rassige und erfrischende Säure, die dem Wein eine klare Struktur verleiht. Sie macht den Wein auch saftig, weil sie unseren Speichelfluss anregt. Im Abgang können wir nun beobachten und beurteilen, ob sich die frischen vegetabilen und fruchtigen Aromen und die Säure zu einem harmonischen Gleichgewicht verbinden, das im Mund noch lange nachklingt.
Über den Wein Das Entre-Deux-Mers liegt im Bordelais zwischen den beiden Flüssen Dordogne und Garonne, die sich dann nördlich der Stadt Bordeaux zur Gironde vereinigen, deren Mündung schon fast so breit ist wie ein Meeresarm. Die Reben wachsen hier in einem milden und vom Atlantik gekühlten Klima mit viel Niederschlägen. Sie können dabei eine reiche Aromatik entwickeln, aber auch eine frische, strukturgebende Säure.

Coteaux du Languedoc

Je nachdem, ob Sie einen Wein gewählt haben, in dem eher der Viognier dominiert, oder ob ihn die Kombination Marsanne/Roussanne auszeichnet, werden auch Ihre Notizen etwas anders aussehen.
Auge Bei beiden Weinen ist ein helles bis tiefes Gold zu erkennen.
Nase Vor allem beim Duft lassen sich Unterschiede erkennen.
Viognier: sehr fruchtig, berühmt ist der überwältigende Duft nach reifen Aprikosen, hinzu treten Pfirsiche und exotische Früchte, dahinter sind auch blumige (vor allem die Blüten der Akazie) und würzige Aromen (Lebkuchen, Honig) wahrnehmbar.
Marsanne/Roussanne: Auch hier stehen reife süße Früchte im Vordergrund (weiche, reife Pfirsiche und Birnen), hinzu treten süße Blumendüfte (Akazien, Jasmin) und würzige Noten (Nüsse, Mandeln, Marzipan und die Kräuter der südfranzösischen Garrigue).
Gaumen Der Auftakt ist bei beiden Weinen rund, weich, voll und warm. Dieser Eindruck setzt sich in der Entwicklungsphase fort, hinzu tritt eine eher weiche Fruchtsäure und beim Marsanne eine fast ölige Konsistenz.
Über den Wein Das Languedoc liegt geschützt zwischen den Bergen und dem Mittelmeer wie in einem riesigen Amphitheater. Das Klima ist heiß und trocken. Die Trauben reifen hier vollkommen aus und erbringen volle Weine, die allerdings Gefahr laufen können, zu wenig strukturgebende Säure zu bewahren.

3. Strukturbetont oder körperbetont oder beides?

DIE BEIDEN GROSSEN STILRICHTUNGEN DES WEINS

Die Theorie zur Praxis

Man kann alle Weine, unabhängig ob rot oder weiß, in zwei große Familien gliedern: die eher strukturbetonten und die eher körperbetonten Weine.

Körperbetonte Weine

Körperbetonte Weine nehmen wir im Mund als weich, rund und oft fast süß wahr, selbst dann, wenn sie kaum noch Restzucker enthalten. Zu diesem Eindruck von sanfter Weichheit, schmeichelndem Körper, von Süße und Fülle tragen verschiedene Faktoren bei, die man auch als den Weichkomplex bezeichnet. Er rührt nur zum Teil von einer Restmenge an nicht vergorenem Zucker her. Hinzu tritt eine Säure, die meist weich und sanft ist und der jegliche Schärfe und Aggressivität fehlt. Auch die Aromatik unterstützt diesen Gesamteindruck: die Aromen reifer, süßer Früchte wie Aprikosen und Pfirsiche oder Mangos und Melonen erwecken die Empfindung von Süße und Weichheit. Und schließlich besitzen körperbetonte Weine oft einen recht hohen Alkoholgehalt, der ebenfalls süß schmeckt und Wärme ausstrahlt. Weitere Inhaltsstoffe wie das viskose Glyzerin können diesen Geschmack und das dazugehörige Mundgefühl verstärken.

Strukturbetonte Weine

Damit ein Körper nicht weich und konturlos zerfließt, braucht er ein inneres Knochengerüst, beim Wein nennen wir das die Struktur. Zwei Bestandteile des Weins tragen hauptsächlich zu dieser Struktur bei: die Säure und das Tannin. Bei den Weißweinen spielt das Tannin allerdings nur eine untergeordnete Rolle, da die Schalen nicht mitvergoren werden. Die Säure nehmen wir an den hinteren Zungenrändern und an den Wangenschleimhäuten wahr, also erst kurz nach dem Weichkomplex, den die süßeempfindliche Zungenspitze als Erstes empfindet. Wenn Sie an einen knackigen Apfel denken, spüren Sie ein leichtes Ziehen an der Stelle, wo Sie die Säure im Mund wahrnehmen. Schon beim bloßen Gedanken beginnt der Speichel zu fließen. Er bewirkt, dass wir die Säure als saftig empfinden. Der Wein kann mehrere verschiedene Säuren enthalten. Die wichtigsten sind die Wein- und die Apfelsäure, die sich in der Traube bilden. Bei der malolaktischen Gärung im Keller wandeln Bakterien zudem die scharfe Apfelsäure in die mildere Milchsäure um. Diesen Vorgang kann der Kellermeister steuern, je nachdem ob er einen Wein erzeugen will, der eher frisch, knackig und strukturbetont ist, oder einen weichen und milden, bei dem das Gewicht eher auf dem Weichkomplex und dem Körper liegt.

Harmonie und Gleichgewicht

Bei der Beschreibung und der Beurteilung der beiden Weine werden Sie beobachtet haben, dass die drei Elemente Aromatik, Körper und Struktur einen inneren Zusammenhang besitzen. Erst die Struktur verleiht dem Körper Form und Kontur. Ein Wein mit zu wenig oder ganz ohne strukturbildende Säure (oder beim Rotwein Tannin) wirkt plump, fad und flach. Umgekehrt braucht auch ein strukturbetonter Wein, selbst wenn er leicht und elegant sein will, einen Körper, der seine Struktur umkleidet. Zur Struktur und zum

Körper tritt als Dritter im Bunde die Gaumenaromatik: Die Frische der Säure findet in einer ebenso frischen Aromatik mit vegetabilen und zitrusfruchtigen Noten ihre ideale Entsprechung, und in gleicher Weise ergänzen sich der Weichkomplex eines körperbetonten Weins und die süßen Aromen reifer Früchte. Der Reichtum der Aromen und die harmonische Balance zwischen ihnen, der Struktur und dem Körper begründen die Qualität eines Weins und damit natürlich auch unsere Faszination für ihn.

4. Die beiden Weine aus Italien

ANWENDUNG UND ÜBERPRÜFUNG DER GEFUNDENEN STILKRITERIEN

Diesmal an zwei Weinen aus Italien

Und nun wollen wir die Beobachtungen, die wir an zwei Beispielen aus Frankreich sammeln, und die Schlussfolgerungen, die wir daraus ziehen konnten, gleich nochmals überprüfen, diesmal an zwei Weinen aus Norditalien. Schenken Sie sich also die beiden Weine ein und verkosten Sie auch diese nach dem klassischen Schema. Versuchen Sie nun diese beiden Weine auch nach den eben entwickelten Kriterien zu beschreiben und zu bewerten. Anschließend vergleichen Sie Ihre Erfahrungen wieder mit den Weinporträts auf S. 80.

WEINVERKOSTUNG

▶ *Für die Weine 3 und 4*

Weinbezeichnung: **Rebsorte(n):** **Jahrgang:** **Preis:**

Klarheit: klar trüb Intensität: blass tief
weiß: grüngelb hellgelb goldgelb rosé: himbeer lachs rot: purpur rubin rotbraun
Bemerkungen: (z. B. Kirchenfenster/Rand-Kernzone)

Reintönigkeit: ja nein Intensität: dezent mittel intensiv
Aromaausprägung: fruchtig blumig pflanzlich/vegetativ würzig
Aromaspektrum:

Auftakt: weich spritzig Süße: trocken süß
Gerbstoffe: dezent deutlich dominant Körper: leicht mittel voll
Abgang: kurz mittel lang Kohlensäure: unangenehm/grob angenehm/erfrischend

Qualität: fehlerhaft gut sehr gut hervorragend Lagerfähigkeit: jetzt trinken lagern___Jahre
Bemerkungen:

Sauvignon blanc aus dem Friaul

Auge Blasses Gelb mit grünlichen Reflexen.

Nase Es herrschen vegetabile Aromen vor wie Stachelbeeren, gelbe Paprika, Spargel. Dazu treten auch fruchtige Noten: Melonen, Bananen, Grapefruit.

Gaumen Der Auftakt ist trocken und trifft die Zunge mit einer gewissen Schärfe. Dann spüren wir die meist sehr prägnante Säure. In der Entwicklungsphase vereinigt sie sich mit den vegetabilen Aromen zu einem vollen und klaren Gesamtbild, dessen Schärfe durch die Fruchtnoten abgemildert wird. So entsteht der Eindruck eines ausgesprochen strukturgeprägten Weins, dessen Ecken und Kanten aber durch die Gaumenaromatik abgerundet werden, ohne dabei ihren Biss zu verlieren. Der Abgang sollte im Idealfall einen harmonischen Gesamteindruck hinterlassen.

Über den Wein Im Friaul kreuzen sich die klimatischen Einflüsse aus dem kühlen alpinen Norden und dem warmen, ausgleichenden Mittelmeer. Das ergibt ideale Bedingungen für den Anbau von feinen, fruchtig-aromatischen und erfrischenden Weißweinen. In den 1970er Jahren wurde dieses Potenzial (wieder) entdeckt. Seither überrascht uns diese Region Jahr für Jahr mit Weinen, die jeden Weinfreund bezaubern.

Wenn Sie nun diesen Wein mit dem Entre-Deux-Mers vergleichen, in dem die Rebsorte Sauvignon mindestens einen wesentlichen Beitrag leistet, vielleicht sogar die Hauptrolle spielt, so werden Sie doch wesentliche Unterschiede feststellen. Der französische Winzer wird wohl versuchen, insgesamt einen weicheren und runderen Stil zu erreichen, deshalb ergänzt er den Sauvignon auch mit Sémillon. Die Winzer aus dem Friaul lieben dagegen die klare, manchmal fast schneidende Schärfe und mildern sie nur gerade so weit, dass der Gesamteindruck des Weins frisch und angenehm aromatisch bleibt.

Soave Classico

Auge Helles Gold.

Nase Im Vordergrund stehen fruchtige Aromen wie Mirabellen, Birnen, aromatische Äpfel und Zitrusfrüchte. Dahinter kann man die Düfte von Sommerblumen und Holunderblüten entdecken und einige würzige Noten von Kräutern wie Basilikum.

Gaumen Ein guter Soave besitzt einen weichen, runden Auftakt, in dem die süßen Fruchtaromen dominieren; in der Entwicklungsphase entdecken wir auch eine schöne, aber sanfte Säure, die den Wein angenehm frisch macht. Der Gesamteindruck ist jedoch vom cremigen Weichkomplex geprägt. Es handelt sich daher wohl eindeutig um einen körperbetonten Wein. Im Abgang entdecken wir vielleicht noch einen angenehmen Bittermandelton, der den Eindruck von milder Frische unterstützt.

Über den Wein Der italienische Name „Soave“ bedeutet sanft, mild, anmutig, und das trifft auch genau den Charakter dieses Weins. Er wird zu mindestens 70 % aus der alten und einheimischen Rebsorte Garganega gekeltert, deren einziger Nachteil in ihrer überbordenden Wuchskraft liegt. Wenn der Winzer da nicht mit rigoroser Ertragsbeschränkung gegensteuert, entsteht ein neutraler und nichtssagender Massenwein, der den edlen Namen Soave nachhaltig geschädigt hat. Wenn der Winzer aber schon im Weinberg gute Arbeit geleistet hat, kann er im Keller einen Wein erzeugen, der zu den schönsten Geschenken Italiens an den Weinfreund zählt. Wir hoffen, Sie hatten heute Glück und einen solchen Tropfen im Glas. Die Anbauzone des Soave liegt nordöstlich von Verona an den Hängen eines längst erloschenen Vulkangebiets, das aber mit seiner geschützten Südorientierung und den reichen mineralischen Böden dem Weinbau geradezu ideale Bedingungen bietet.

Das Städtchen Soave in der italienischen Region Veneto.

Vergleich der beiden Weinstile

Verkostet man die beiden Weine nebeneinander, so ist man erstaunt, wie unterschiedlich ihre Stile sind, dabei liegen zwischen den beiden Anbaugebieten gerade mal 150 km. Beide Weine wachsen zudem auf der gleichen geografischen Breite an den Ausläufern der Alpen. Die Unterschiede beruhen auf einer Vielzahl von einzelnen Faktoren, die in der Summe zu so verschiedenen Weinpersönlichkeiten führen: Klimatisch ist das Friaul gegen Norden den kühlen alpinen Luftmassen weit mehr ausgesetzt als die Abhänge des Soave-Gebiets, zudem wirkt das Mittelmeer im Friaul im Sommer ausgleichend und kühlend, während sich die Ebene von Verona aufheizt. Ferner war das Friaul in seiner Geschichte immer auch auf den Weinbau der angrenzenden Gebiete im Norden (Österreich und Ungarn) mit ihren ganz anderen Traditionen bezogen, und schließlich spielen natürlich auch die Rebsorten, Sauvignon und Garganega, eine entscheidende Rolle. Dem Sauvignon sind wir nun schon in verschiedenen Varianten und Spielformen begegnet und haben ihn als strukturbildend erfahren. Die Rebe des Soave, die Garganega, ergibt dagegen immer weiche und sanfte Weine. Es ist daher geradezu logisch, dass man aus ihr auch einen edelsüßen Wein aus teilgetrockneten Trauben keltert, den Recioto di Soave. Er ist intensiv süß. Seine besten Vertreter verfügen aber über genügend schmelzende Säure, die diese Süße ausgleicht. Diese edlen Dessertweine haben eine gute Alterungsfähigkeit, die sie über ein Jahrzehnt hinweg immer komplexer werden lässt.

Die Hügellandschaft des Piemont ist an drei Seiten von Bergen umschlossen.

VIELFALT VON NORD BIS SÜD

Italiens Weißweine

► *von Steffen Maus*

ITALIEN bietet eine abwechslungsreiche Palette an Weißweinen, deren Vielfalt man sich erst bewusst wird, wenn man die einzelnen Anbauregionen und Weinstile unter die Lupe nimmt.

Im Nordwesten, wo die berühmten Rotweine Barolo und Barbaresco zu Hause sind, gibt es zwei beachtenswerte Weiße: den Gavi bzw. Gavi di Gavi sowie den Arneis. Der Gavi aus dem Osten Piemonts besitzt sogar den DOCG-Status, der niedrigere Erträge als beim IGT oder DOC-Wein und „garantierte" Qualität vorschreibt. Er basiert auf der Rebsorte Cortese, die nur in Piemont und den angrenzenden Regionen angebaut wird. Ihre feinfruchtige Art spiegelt sich auch in den Weinen der DOC Piemonte Cortese wider. Aus der Rebsorte Arneis wird in Piemont und speziell in der Hochburg Roero unweit des Städtchens Alba ein kräftiger Weißwein gekeltert. Seine in der Regel exotischen Fruchtaromen unterscheiden ihn vom dezenteren Gavi. Vorraussetzung für diesen Unterschied: Die Trauben müssen reif gelesen werden. Die Anbaufläche ist mit einigen hundert Hektar jedoch sehr begrenzt, sodass er als rare Spezialität gilt. Dagegen zählen der hochwertige, liebliche Perlwein Moscato d'Asti und der Asti international zu den bekanntesten Muskatweinen überhaupt.

Aus der Rebsorte Arneis wird in Piemont und speziell in der Hochburg Roero unweit des Städtchens Alba ein kräftiger Weißwein gekeltert. Seine in der Regel exotischen Fruchtaromen unterscheiden ihn vom dezenteren Gavi.

Vom Lokalmatador zum Exportschlager

Wer an besonders aromatischen Rebsorten Gefallen findet, der trifft mit dem Gewürztraminer aus Südtirol – sein Geburtsort ist Tramin – eine sehr gute Wahl. Aus Südtirol und dem Trentino kommen auch ausgezeichnete Chardonnays. Eine lokale Spezialität dieser bergigen Regionen war einst der Pinot grigio, bevor er zu seiner Exportkarriere ansetzte und Deutschland und Amerika eroberte. Aufgrund der steinhaltigen Böden und der hohen Berge besticht der Pinot grigio aus dem Trentino durch eine lebendige Säure und eher grün-fruchtige Aromen.

Der Großteil des Pinot grigio, den wir in Deutschland trinken, stammt aus den Weinbergen der Regionen Venetien und Friaul. In der Ebene zwischen den Städten Pordernone und Udine findet die Rebsorte auf den Schwemmlandböden (Weinregion Grave Friuli) gute Voraussetzungen. Komplexer und aromatischer fällt er im Allgemeinen in den bekannten Hügelregionen des Collio, der Colli Orientali del Friuli und dem benachbarten Isonzo im Osten des Friaul aus.

In Venetien muss sich der Pinot grigio gegen andere Weiße behaupten. Rund um den Gardasee erfreuen sich Bianco di Custoza oder Bianco di Lugana wachsender Beliebtheit. Aber inzwischen gibt es auch schon Pinot grigio aus Sizilien, denn der anhaltende Erfolg führte dazu, dass sich die Sorte in neuen Regionen ausbreitet.

Östlich vom bezaubernden Verona beginnt das traditionsreiche Anbaugebiet des Soave, des bekanntesten Weißen Venetiens. Sein Gebiet wurde in der Vergan-

Die berühmten Geschlechtertürme von San Gimignano sind durch einen Wettstreit der Patrizierfamilien der Stadt entstanden.

genheit wegen hoher Nachfrage erweitert, weshalb es heute einen Soave Classico und einen einfachen Soave gibt. Sie fußen auf den Sorten Trebbiano di Soave und Garganega, wobei qualitätsbewusste Erzeuger den Anteil der Letzteren deutlich ausgebaut haben. Dass die Winzer viel von der Garganega halten, beweist ihre Abfüllung als reinsortiger Wein. Sie besticht allein oder im Mischsatz des Soave durch ihre Birnenfrucht und den typischen mandelartigen Nachgeschmack mit der angenehmen Bitternote. Wie in anderen Regionen führen eine konsequente Ertragsreduzierung und Klonselektion von einem wenig ausdruckvollen zu einem charaktervollen Weißwein.

Der zweite Exportschlager unter den italienischen Weißen, der Prosecco, ist ein Sekt oder Perlwein. Die Prosecco-Traube wächst in den Hügeln Venetiens in der Umgebung der Ortschaften Valdobbiadene und Conegliano. Die Versektung des Grundweins führt zu einem beliebten Partygetränk mit dezenter Apfelfrucht und abgestimmter Restsüße.

Die Prosecco-Traube wächst in den Hügeln Venetiens in der Umgebung der Ortschaften Valdobbiadene und Conegliano. Die Versektung des Grundweins führt zu einem beliebten Partygetränk mit dezenter Apfelfrucht und abgestimmter Restsüße.

Bekannte Größen aus der Mitte

In den Hügeln des malerischen Städtchens San Gimignano mit seinen aufregenden Geschlechtertürmen regiert die Rebsorte Vernaccia. Seit mehr als einem Jahrtausend gedeiht sie auf den kalkhaltigen Böden und begeistert mit ihrem eigenständigen fruchtig-herben Geschmack.

In Umbrien ist der Orvieto führend. Sein Name stammt von der sich auf einem Tuffsteinfelsen erhebenden Stadt Orvieto im Zentrum des Anbaugebiets. Er ist ein fruchtiger Weißwein aus den Rebsorten Trebbiano und Grecchetto. Durch die Selektion der besten Klone und die Konzentration auf den höherwertigen Grecchetto konnten die Betriebe in den letzten 20 Jahren Fortschritte machen. Heute ist der Grecchetto aus der Liste der interessanten Weißweinsorten Italiens nicht mehr wegzudenken.

Seit den Römern genießt der Frascati aus den Hügeln südlich von Rom ein großes Ansehen. Doch der Rotweinboom der letzten 15 Jahre bescherte ihm wie dem Nachbarn Orvieto oder dem Soave eine Krise. Aber auch im Latium hat eine neue Qualitätsbewegung eingesetzt. Auf den Vulkanverwitterungsböden haben sich die Rebsorten Trebbiano, die sehr geschätzte Malvasia del Lazio und einige andere Rebsorten wie Bombino bianco oder Bellone durchsetzen können.

Der Verdicchio dei Castelli di Jesi wächst in den Hügeln der Adriaküste in der Nähe von Ancona (Region Marken). Dort gewinnt diese Sorte kräftige Struktur und den charakteristischen Geschmack nach Birnen, Äpfeln und exotischen Früchten. Von der modernen Kellertechnik mit der Extraktion der Schaleninhaltsstoffe und der schonenden, kühlen Vergärung profitieren alle Rebsorten in gleichem Maß, da die Weine sich gehaltvoller und ausdrucksstärker als in der Vergangenheit präsentieren.

Trebbiano.

ROTWEIN UND *Rotweinstile*

WAS BEDEUTET STRUKTUR UND KÖRPER BEIM ROTWEIN?

Die wichtigsten Unterschiede zwischen Rot- und Weißwein

Diese Verkostungsrunde überträgt die bei den Weißweinen gemachten Erfahrungen auf die Rotweine. Wir werden uns fragen, ob es bei den Rotweinen ein ähnliches Gegensatzpaar gibt wie bei den Weißweinen, nämlich Struktur und Körper, oder ob bei den Rotweinen noch andere Faktoren eine Rolle spielen. Und um welche handelt es sich dabei? Und haben die Unterschiede zwischen Weißwein und Rotwein vielleicht mit den unterschiedlichen Herstellungsverfahren zu tun? Schließlich wollen wir auch der Frage nachgehen, ob diese Gegensätze nicht vielleicht versöhnt werden können in Weinstilen, die Struktur und Körper in Harmonie miteinander verbinden. Als Beispiele haben wir Weine ausgewählt, die bisher noch in keiner Verkostung vorkamen, wir erweitern damit auch unsere Erfahrung um neue Rebsorten und Anbaugebiete.

DIE SHOPPING-TOUR

Kaufen Sie für dieses Tasting folgende 4 Weine ein:

1. Barbera d'Asti oder Barbera d'Alba. Aus beiden Bereichen stammen sehr schöne Weine. Wichtig für unsere Verkostung ist es, dass der Wein nicht oder nur kurz im Barrique ausgebaut wurde. Fachhandel, Kaufhaus mit Beratung. 10–15 Euro, 14–16 °C.

2. Zinfandel aus Kalifornien. Achten Sie unbedingt auf einen sortenreinen Wein, der nicht mit anderen Rebsorten verschnitten ist. Fachhandel oder Kaufhaus. 15–30 Euro. 16–18 °C.

3. Barolo. Bei diesem Wein müssen Sie etwas tiefer in die Tasche greifen, tun Sie es in der Vorfreude auf ein aufregendes Verkostungs- und Trinkvergnügen. Ein Wein eines eher traditionell arbeitenden Winzers ist vorzuziehen, denn er zeigt die für unsere Verkostung wichtigen Merkmale wahrscheinlich besser als ein „moderner" Barolo. Fachhandel. Ab 25 Euro. 16–18 °C.

4. Amarone della Valpolicella. Achten Sie auf einen guten Erzeuger. Wir empfehlen Ihnen deshalb den Fachhandel. Da die Weine nicht gerade billig sind, bewahren Sie sich so am sichersten vor Enttäuschungen. Ab 20 Euro. 16–18 °C.

1. Eine kleine Standortbestimmung

WEINSTILE?!

Wie war das bei den Weißweinen?

SELBSTTEST WEINSTILE

Wir haben im letzten Kapitel versucht, den schier unübersehbaren Kontinent der Weißweine in zwei Subkontinente zu unterteilen. Dazu haben wir alle Weine zwei Stilrichtungen zugeordnet. Wie heißen sie und woran kann man sie erkennen?

Sie haben in der letzten Verkostungsrunde vier Weißweine kennen gelernt und ihren Stil zu verstehen versucht. Versuchen Sie sich deren Gesamteindruck und Charakter nochmals in Erinnerung zu rufen.

Wir werden in dieser Runde prüfen, ob und wie sich diese Erfahrungen und Erkenntnisse auch auf die Rotweine übertragen lassen, die wir heute verkosten. Ihre Aufzeichnungen können Ihnen dabei wertvolle Hilfe leisten.

2. Das Gegensatzpaar Barbera und Zinfandel

KÖRPER UND SÄURESTRUKTUR

▸ *Das Gelernte auf den Rotwein übertragen*

Schenken Sie sich die beiden ersten Weine ein (den Barbera und den Zinfandel), verkosten Sie sie zuerst nach dem klassischen Schema und notieren Sie sich auf dem Degustationsblatt Ihre Beobachtungen. Versuchen Sie anschließend anhand der Kriterien, die wir in der letzten Verkostungsrunde für Weißweine erarbeitet haben, festzustellen, welcher von den beiden Weinen eher strukturbetont und welcher mehr körperbetont ist. Ihre Erfahrungen können Sie anschließend erweitern, wenn Sie die Porträts der Weine lesen.

WEINVERKOSTUNG

▸ *Für die Weine 1–4*

Weinbezeichnung: **Rebsorte(n):** **Jahrgang:** **Preis:**

Klarheit: ☐ klar ☐ trüb Intensität: ☐ blass ☐ tief

weiß: ☐ grüngelb ☐ hellgelb ☐ goldgelb rosé: ☐ himbeer ☐ lachs rot: ☐ purpur ☐ rubin ☐ rotbraun

Bemerkungen: (z. B. Kirchenfenster/Rand-Kernzone)

Reintönigkeit: ☐ ja ☐ nein Intensität: ☐ dezent ☐ mittel ☐ intensiv

Aromaausprägung: ☐ fruchtig ☐ blumig ☐ pflanzlich/vegetativ ☐ würzig

Aromaspektrum:

Auftakt: ☐ weich ☐ spritzig Süße: ☐ trocken ☐ süß

Gerbstoffe: ☐ dezent ☐ deutlich ☐ dominant Körper: ☐ leicht ☐ mittel ☐ voll

Abgang: ☐ kurz ☐ mittel ☐ lang Kohlensäure: ☐ unangenehm/grob ☐ angenehm/erfrischend

Qualität: ☐ fehlerhaft ☐ gut ☐ sehr gut ☐ hervorragend Lagerfähigkeit: ☐ jetzt trinken ☐ lagern___Jahre

Bemerkungen:

Barbera

Auge Leuchtendes Rubinrot mit vielleicht noch einigen violetten Reflexen, beeindruckende Farbtiefe. Barbera ist trotz der recht dünnhäutigen Beeren berühmt für seine besonders schöne Farbe.

Nase Es dominieren die fruchtigen Aromen dunkler Beeren und Früchte (Sauerkirschen, Brombeeren, Pflaumen), dazu treten auch deutliche würzige Noten von Mandeln, Zimt und Wacholder.

Gaumen Sehr präsente saftige Säure, mittlerer Körper, vielleicht spüren Sie eine angenehme erdige Bitterkeit im Abgang.
Vermutlich waren Sie sich darüber einig, dass es sich um einen ausgeprägt strukturbetonten Wein handelt.
Über den Wein Barbera ist eine der drei roten Rebsorten, die Piemont bei Weinliebhabern berühmt gemacht haben. Die anderen beiden sind der Nebbiolo, die Rebsorte des Barolo und Barbaresco, und der Dolcetto. Barbera ist eine der beliebtesten Rebsorten in Mittel- und Oberitalien. In Piemont bedeckt er knapp die Hälfte der Rebfläche. Sein großer Vorzug ist die saftige Säure, die er sogar noch im vollreifen Zustand bewahrt. Das erlaubt es dem Winzer, mit der Lese zu warten, bis sich die herrlichen Fruchtaromen in den Beeren voll entwickelt haben, ohne dass er befürchten muss, dass die Säure zusammenfällt und der Wein flach und flau wird. Sein Nachteil ist der Mangel an Gerbstoff (Tannin), viele Winzer versuchen deshalb den Barbera im Barrique auszubauen, um ihm die nötigen Gerbstoffe für einige Jahre Reifung zu geben.

Zinfandel

Auge Mittleres bis tiefes Rubinrot.
Nase Im Vordergrund stehen Fruchtaromen, vor allem Himbeeren, Brombeeren, Kirschen und Schwarze Johannisbeeren. Dazu kommen meist deutliche Kräuternoten von Minze und Eukalyptus, die schon auf der Grenze stehen zu würzigen Aromen wie Schwarzer Pfeffer, Zimt und Anis.
Gaumen Weicher, runder Körper, sanfte, schmackhafte Säure.
Auch hier werden Sie wohl nicht lange zweifeln und den Wein eher der körperbetonten Seite zuordnen.
Über den Wein Man hat viel gerätselt über die Identität und Herkunft dieser Rebsorte. Heute weiß man, sie ist tatsächlich identisch mit der süditalienischen Primitivo-Rebe. Wie und auf welch verschlungenen Wegen sie aber sowohl dorthin wie nach Kalifornien gelangt ist, bleibt wohl für immer im Dunkeln. In Kalifornien hat sie jedenfalls ein neues Zuhause gefunden, hier entsprechen Boden und Klima geradezu ideal ihren Bedürfnissen. Das machte sie denn auch zur Lieblingsrebe der Pioniere und Goldgräber, zuerst ab etwa 1830 an der Ostküste und seit den 1870er Jahren auch an der Westküste in Kalifornien. Die dünnhäutigen Beeren ihrer Trauben schenken dem Wein nur wenig Gerbstoff (Tannin). Viele Winzer verschneiden ihn daher mit tanninreicheren Sorten wie der dunklen Petite Sirah aus Frankreich.

3. Barolo, der Dritte im Bunde

ZUR SÄURE TRITT DAS TANNIN

Wir erweitern unsere Erfahrung mit Rotwein

Schenken Sie sich nun als dritten Wein den Barolo ein. Verkosten Sie auch ihn nach unserem klassischen Schema und verwenden Sie dazu das Verkostungsblatt auf Seite 88. Versuchen Sie ihn in die Kategorien körper- bzw. strukturbetont einzuordnen.
Anschließend lassen sich diese Erfahrungen mit dem Weinporträt überprüfen.

Barolo

Auge Nicht allzu tiefes Rubinrot, vielleicht zeigen sich bereits erste orangerote Reflexe, woraus wir einen Hinweis auf die beginnende Reife ablesen können.

Nase Intensiv, voll und ausladend. Fruchtaromen wie Kirschen und Pflaumen sowie blumige Noten von welkenden Rosen werden ergänzt oder schon überlagert von Gewürzkräutern (Salbei) und herbstlichen Tönen wie Herbstlaub und Pilzen. Hinzu treten ganz neue Aromen, die an Leder, Teer und Zedernholz erinnern, die man auch als „rauchig" zusamenfassen kann.

Gaumen Präsente Säure und (neu in unseren Verkostungen) kräftige Gerbstoffe (Tannine), die uns bei einem noch jungen Barolo die Schleimhäute ordentlich zusammenziehen können.

Es besteht kein Zweifel daran, dass dieser Wein eindeutig strukturbetont ist. Das strukturbildende Element ist hier aber nicht in erster Linie die Säure, sondern das Tannin, ein Stoff, der hauptsächlich in den Rotweinen vorkommt und ganz wesentlich zu deren Qualität und Alterungspotenzial beiträgt.

Über den Wein Barolo ist der Wein der Könige und der König der Weine. Er wird in zehn Gemeinden rund um die kleine gleichnamige Stadt in Piemont zu 100 % aus der Rebsorte Nebbiolo gekeltert. Traditionell bereiteter Barolo ist in seiner Jugend fast ungenießbar, zu hart und aggressiv sind in ihm die Tannine und die Säure. Erst nach einigen Jahren oder Jahrzehnten Lagerung offenbart er seine unnachahmlichen Qualitäten. Heute versuchen aber viele Winzer, Weine zu produzieren, die schon nach vier bis fünf Jahren genussreif sind. Ihre Lösung: den Wein im Barrique ausbauen, wobei seine Tannine milder werden.

4. Amarone, Konzentration und Balance

HARMONIE VON KÖRPER UND STRUKTUR

Ein Wein mit vielen Eigenschaften

Schenken Sie sich zum Abschluss unserer Verkostung noch den Amarone ein, beurteilen Sie ihn wie die anderen Rotweine nach dem bekannten Schema (auf dem Verkostungsblatt S.88) und ordnen Sie ihn ebenfalls in die Kategorien Struktur und Körper ein. Vergleichen Sie Ihre Notizen anschließend mit dem Porträt des Amarone.

Amarone

Auge Wenn Sie einen eher jugendlichen Amarone (3–5 Jahre) geöffnet haben, so leuchtet er in einem tiefen, oft fast undurchsichtigen Rubin im Glas, mit der Zeit hellt er etwas auf und bekommt dann auch orange Reflexe.

Nase Sehr vielfältig, bei den fruchtigen Aromen dominieren eher gedörrte und gekochte als frische Früchte, besonders Pflaumen und Kirschen, bei den würzigen Noten kann man

Nüsse, Liebstöckel, Schwarzen Pfeffer und Nelken entdecken. Dazu treten karamellisierte und rauchige Noten (Karamell, Schokolade, Leder). Schauen Sie nochmals auf den Aromentabellen (vordere Buchklappe) nach, wo Sie diese Aromen einordnen können.

Gaumen Trocken, samtig, mild, üppig, oft bitterer Ton im Abgang (deshalb Amarone, was bitter bedeutet).

Und nun stellt sich die Frage: Hat der Amarone mehr Körper oder mehr Struktur oder vielleicht sogar beides? Der Wein besitzt sowohl eine weiche Fülle im Körper als auch eine feste Struktur, die sowohl von der Säure als auch vom Tannin getragen wird. Im Idealfall (!) erreicht er sogar so etwas wie die perfekte Balance zwischen Körper und Struktur.

Über den Wein Wenn Sie Ihre Degustationsnotizen zum Valpolicella aus der Runde 4 nochmals durchlesen, werden Sie es wahrscheinlich kaum glauben, dass der Amarone von heute und der Valpolicella von damals aus der exakt gleichen Gegend stammen und aus den exakt gleichen Traubensorten gekeltert wurden. Die Lösung des Rätsels liegt sowohl im Weinberg als auch im Keller: Die Winzer verwenden für den Amarone nämlich nur Trauben aus ihren allerbesten Lagen. Bevor diese Trauben aber in die Kelter kommen, werden sie auf großen Matten und Gestellen für mehrere Wochen oder sogar Monate zum Trocknen ausgelegt. Man nennt diesen Vorgang „appassimento". Erst jetzt besitzen die eingetrockneten Beeren die richtige Konzentration, um zu Wein verarbeitet zu werden. Diese Weine aus angetrockneten Trauben sind dann entsprechend hoch im Alkohol, in der Konzentration von Aromen und Inhaltsstoffen und brauchen volle drei Jahre Reifung im Fass, bis sie auf den Markt kommen können. Dann aber gehören sie zu den komplettesten Weinen Italiens und wohl noch weit darüber hinaus.

5. Rot- und Weißwein – wo liegen die Unterschiede?

DIE BEERENHÄUTE UND WAS DER KELLERMEISTER DAMIT MACHT

Mostgärung und Maischegärung, Lagerung und Reifung

Die Frage mag auf den ersten Blick banal klingen, die Antwort darauf birgt aber wesentlich mehr als nur die Stichworte „Farbe" und „Tannin". Um den Unterschied wirklich zu verstehen, ist es wichtig, die verschiedenen Bestandteile der Traube genauer zu betrachten und ihre Bedeutung für den Wein zu beleuchten. Daraus werden denn auch die verschiedenen Vinifikationstechniken für Rot- und Weißwein verständlich.

Die Bestandteile der Traubenbeere

Während das Stielgerüst und die Kerne als Träger bitterer Substanzen für den Winzer oder Kellermeister in der Regel unerwünscht sind und daher vom Vinifikationsprozess möglichst fern gehalten werden, sind Haut und Fruchtfleisch von allergrößter Bedeutung für die Weinproduktion.

Beerenhaut Die Haut ist für die Weinbereitung in dreifacher Hinsicht bedeutsam:

Erstens ist sie mit einer Wachsschicht überzogen, auf der Hefen anhaften, die dazu beitragen, die Gärung auszulösen. Zweitens ist nur die Beerenhaut der Träger von Farbstoffen, die für die Bereitung von Rot- oder Roséwein unerlässlich sind. (Das Fruchtfleisch ist auch bei fast allen roten Rebsorten weiß). Drittens enthält die Haut Gerbstoffe (Tannine), die den Rotweinen Struktur verleihen und ihnen die Haltbarkeit für eine längere Lagerung schenken.

Fruchtfleisch Es ist farblos und besteht zur Hauptsache aus Wasser, in dem allerdings wichtige Substanzen gelöst sind: Der Zucker ist eine notwendige Voraussetzung für das Einsetzen der alkoholischen Gärung. Fruchtsäuren stellen eine wichtige geschmackliche Komponente des Weins dar und sorgen im Idealfall für Harmonie und Balance. Aromen schenken dem Wein Duft und Geschmack.

Die Herstellung von Rot- und Weißwein

Die in der Haut und im Fruchtfleisch enthaltenen Substanzen sind für den Rotwein von zum Teil wesentlich anderer Bedeutung als für den Weißwein. Die Produktion der beiden Weinarten weist deshalb neben vielen Parallelen auch einige wichtige Unterschiede auf.

Entrappen Der erste Schritt bei der Herstellung von Rot- und Weißwein ist meist identisch. Die Trauben werden in eine so genannte Entrappmühle gegeben, die die Beeren von den Stielen trennt. Die Stiele werden aussortiert und entfernt.

Mostgärung versus Maischegärung Bei der Weißweinbereitung werden die Beeren unmittelbar nach dem Entrappen gepresst. Der Saft (Most) wird von den Häuten getrennt und allein weiterverarbeitet. Die Beerenhäute werden entsorgt, weil man aus ihnen weder Farbe noch Tannin herauslösen will. Der

VINIFIKATION

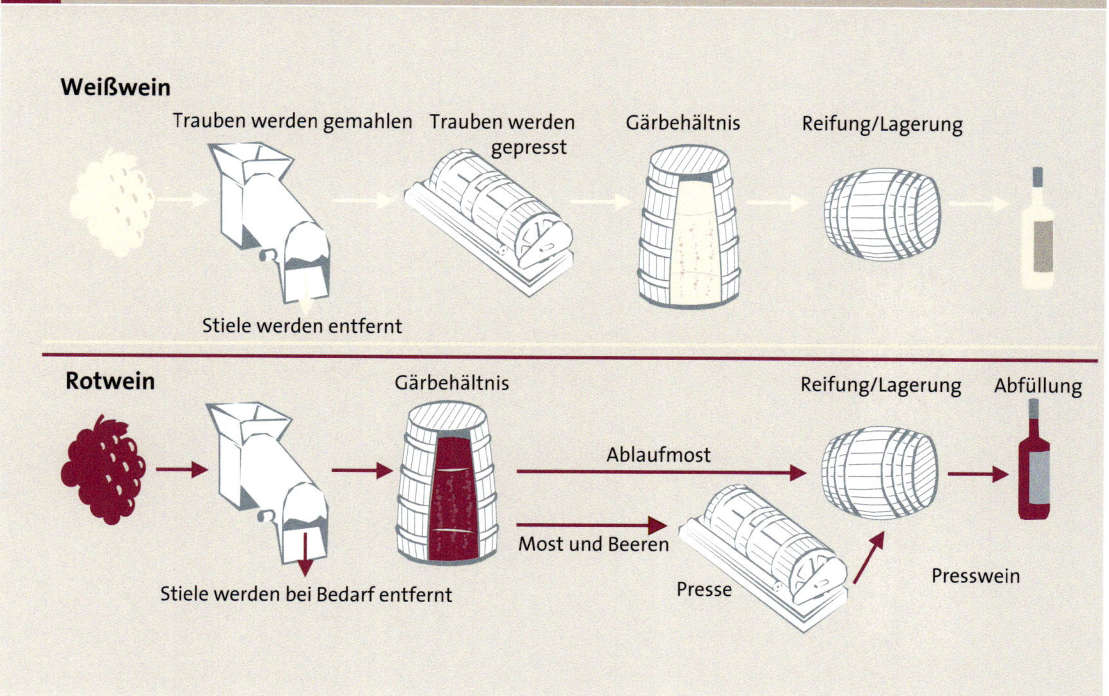

reine Most wird jetzt vergoren. Man nennt diesen Vorgang deshalb die Mostgärung. Ganz anders bei der Rotweinbereitung: Hier werden die Beeren nur leicht angequetscht, aber nicht ausgepresst. Der jetzt austretende Most mischt sich mit den Häuten zur Maische, die nun zu gären beginnt (Maischegärung). Während der Gärung werden aus den Häuten die im Rotwein erwünschten Farbstoffe und Tannine herausgelöst. Erst wenn diese beiden Stoffe in gewünschtem Maß extrahiert sind, wird die Maische abgepresst. Die Dauer dieser Maischegärung ist je nach Rebsorte und Weinstil sehr unterschiedlich, sie kann nur zwei Tage, aber auch bis zu vier Wochen dauern. In dieser Zeit muss die Maische in regelmäßigen Abständen umgerührt oder -gepumpt werden, da die aufsteigende Kohlensäure die Schalen an die Oberfläche treibt, wo sie einen so genannten Hut bilden, der wieder mit dem Most gemischt werden muss.

Reifung und Lagerung Jeder Wein braucht eine gewisse Ruhe und Lagerung, bevor er trinkreif ist. Für einfache Weine genügen wenige Wochen in einem geruchsneutralen Behälter (Stahltank oder Flasche), der sie vor jedem Kontakt mit Sauerstoff bewahrt. Bei edleren Rotweinen dagegen ist ein gewisser Sauerstoffkontakt geradezu erwünscht. Man füllt sie daher in Holzfässer, durch deren Poren immer eine geringe Menge Luft zum Wein vordringen kann. Sie macht die Tannine weicher und geschmeidiger, und der Wein entwickelt sein volles Aroma. Man nennt diesen Vorgang die „oxidative Reifung“. Werden dabei neue, noch nicht ausgelaugte Fässer benutzt, geben diese zudem würzige und rauchige Aromen an den Wein ab und machen ihn damit komplexer und interessanter. Der gängige Fasstyp für viele Spitzenweine ist das Barrique, es ist aus französischer oder amerikanischer Eiche und fasst 225 Liter. Weißweine werden dagegen in der Regel nur kurz in Stahltanks gelagert. Sie würden im Holzfass und bei Luftkontakt rasch ihre Frische und Fruchtigkeit einbüßen. Nur einige wenige Spitzenweine – vor allem aus der Chardonnay-Traube – sind dazu geeignet, im Holzfass zusätzlich an Komplexität und Charakter zu gewinnen.

Abfüllung Nach dem Abschluss der Fass- oder Tanklagerung werden die Weine von Trubstoffen befreit und stabilisiert (haltbar gemacht), bevor sie auf die Flasche gefüllt und in den Handel gebracht werden.

Weißer Wein aus roten Trauben

Da die Farbstoffe in den Beeren ausschließlich in den Häuten sitzen, kann man auch aus roten Trauben Weißwein bereiten. Man muss dazu lediglich die Häute wie beim Weißwein noch vor der Gärung vom Most trennen, also eine reine Mostgärung durchführen. Dies wird häufig im Schaumweinbereich praktiziert. So entfallen etwa zwei Drittel des Rebbestands der Champagne auf Rotweintrauben. Dennoch sind fast alle Champagner weiß, ein verschwindend kleiner Teil ist rosé, und einen roten Champagner gibt es gar nicht.

Und der Rosé?

Ein Rosé ist nichts anderes als ein Wein aus roten Trauben, dessen Maischegärung nur wenige Stunden gedauert hat – in der Herstellung also ein Mittelding zwischen Weiß- und Rotwein. Man lässt den Most zwar wie einen Rotwein mit den Schalen vergären, presst ihn aber wie beim Weißwein schon nach kurzer Zeit ab. Dabei löst sich nur ein geringer Teil der Farbe aus den Traubenschalen. Der Wein wird also leicht gefärbt und leuchtet in einem hellen Lachs- oder Himbeerrot. Nur beim Rosé-Champagner ist es offiziell erlaubt, den weißen Wein mit Rotwein zu färben.

Die Geburtsstunde eines Barrique in der Werkstatt des Küfers.

EICHENHOLZ UND BARRIQUE-MODE
Aroma aus dem Fass

► *von André Dominé*

FRÜHER fertigte man aus verschiedensten Hölzern Fässer. In der modernen Weinbereitung hat sich Eiche aus zwei Gründen durchgesetzt: zum einen sind ihre Aromen die reizvollsten und zum anderen entspricht ihr Holz den technischen Anforderungen der Küfer am besten. Aber von den rund 250 verschiedenen Arten der Familie *Quercus* kommen nur drei für den Fassbau in Frage: die Traubeneiche *Quercus petraea* oder *sessiliflora*, die Stieleiche *Quercus pedunculata* und die Amerikanische Weißeiche *Quercus alba*. Diese drei Eichenarten unterscheiden sich voneinander in den Aromen und in der Struktur ihres Holzes, die obendrein auch durch die Wachstumsbedingungen der Standorte beeinflusst werden. Die französischen Forste sind nach wie vor die Hauptlieferanten für Trauben- und Stieleichen, auch wenn aufgrund der stark gewachsenen Nachfrage inzwischen ebenso Eichen aus anderen Ländern, insbesondere aus denen des früheren Ostblocks verwendet werden. Meist ist das Holz von Traubeneichen aromatischer und enthält mehr Vanillearoma, während das der Stieleiche reicher an Tanninen ist. Im Vergleich zur Amerikanischen Weißeiche ist die Holzstruktur der europäischen Eichen poröser. Das hat zur Folge, dass sie in Faserrichtung gespalten werden müssen, um dicht zu sein – eine teure Verarbeitungsweise, bei der viel Abfall anfällt. Die Weißeiche besitzt hingegen eine größere Dichte und kann auch gegen den Faserverlauf aufgesägt werden. Sie enthält weniger Tannin, dafür aber mehr aromatische Essenzen, die ihr oft eine Kokosnussnote verleihen.

Kalifornische Vorreiter

Fässer dienten in früheren Zeiten in erster Linie als Transportmittel. Man behielt sie so lange wie möglich, nicht selten bis zu 50 Jahren. Dennoch wird den Winzern schon bald der aromatisierende Einfluss neuen Holzes auf den Wein aufgefallen sein. Aber es zählte zu ihrem Handwerk, damit umgehen zu können. Dass das Barrique so ins Blickfeld geriet, geht auf die kalifornischen Winzer zurück. Ihnen fiel in den 1970- und 1980er Jahren bei Praktika in der Bourgogne und im Bordelais die Bedeutung des Fassausbaus auf.

So bestellten sie sich bei diversen französischen Küfern Barriques aus Eichen verschiedener Wälder, verschieden lange gelagert und unterschiedlich getoastet. Das *toasting* oder die *chauffe*, die mehr oder weniger starke Erhitzung der Dauben, ruft die Röstaromen hervor, die das Fass an den Wein abgibt. Damit machten sie Versuche, indem sie denselben Wein in die unterschiedlichen Barriques füllten und ihn nach einer gewissen Ausbauzeit verglichen. Je nach Rebsorten, Weintyp und persönlichem Geschmack kamen sie zu anderen Ergebnissen. Vor allem aber stellten sie drei Dinge fest. Erstens: Die besten Resultate hatten

Dass das Barrique so ins Blickfeld geriet, geht auf die kalifornischen Winzer zurück. Ihnen fiel in den 1970- und 1980er Jahren bei Praktika in der Bourgogne und im Bordelais die Bedeutung des Fassausbaus auf.

Barriquelager eines Chateau in Bordeaux.

sie mit Eichenholz, das mindestens zwei, besser drei Jahre an freier Luft gealtert worden war. Zweitens: Gut strukturierte Rotweine vertrugen einen hohen Anteil an neuem Eichenholz, das ihnen reizvolle Vanille- und Röstnoten verlieh. Drittens: Nur europäische Eiche eignete sich gut für Weißweine und verband sich dann am besten mit dem Wein, wenn er im Barrique vergoren wurde.

Diese Erkenntnisse setzten sie in die Tat um. Sie bestellten bei den Küfereien große Mengen der besten Barriques, bauten ihre hochwertigsten Weine oft vollständig in brandneuen Eichenfässern aus und vergoren ihre Spitzenweißweine in neuem Holz. Diese Weine überraschten und gefielen.

Die von der Eiche an den Wein abgegebenen Vanille- und Röstaromen sind attraktiv und bei vielen Weintrinkern sehr beliebt.

So leiteten sie die weltweite Barrique-Mode ein. Schnell ließen sich Topwinzer in anderen Regionen der Welt durch diese Methoden anregen, machten eigene Experimente und führten für den Ausbau ihrer besten Weine einen gewissen Anteil an Neuholz ein. Auch Erzeuger in Anbauländern und -regionen, in denen es bislang unüblich gewesen war, Weine in Barriques auszubauen, folgten nun diesem Stil. Nicht selten schlugen Neulinge über die Stränge. Denn nicht jeder Wein eignet sich für den Ausbau in neuem Holz. Die Weine benötigen dafür eine solide Struktur. Nur dann kommt es zu einer harmonischen Verbindung, und der Wein gewinnt. Ansonsten schmeckt er nach Brettern und endet trocken. Weißweine verändern sich, wenn die alkoholische Gärung im neuen Barrique stattfindet, besonders stark. Denn sie erhalten dabei ein Tanningerüst, dass sie sonst nicht hätten.

Ausbau und Struktur

Es geht beim Holzausbau nicht nur um die Bereicherung des Weins mit zusätzlichen Aromen, sondern um eine schonende Oxidation und Reife. Bei den Roten ereignet sich das Paradox, dass die Zufügung von Tanninen aus der Eiche die oft in der Jugend noch harten Weintannine mildert und verfeinert. Zugleich gewinnen die Weine an Alterungspotenzial. Die Dauer des Ausbaus hängt von der Struktur des Weins ab. Rotweine lässt man oft knapp ein Jahr im Fass. Das aber liegt in vielen Fällen daran, dass man nicht über den Platz und die Finanzen verfügt, zwei Jahrgänge gleichzeitig in Barriques unterzubringen. Bei den größten Weinen setzt man den Ausbau bis zu 18, bisweilen auch 24 Monaten fort, wodurch das Holz deutlich besser in den Wein integriert wird. Die von der Eiche an den Wein abgegebenen Vanille- und Röstaromen sind attraktiv und bei vielen Weintrinkern sehr beliebt. Was lag also näher, sie Weinen zu verleihen, ohne den langwierigen und kostspieligen Barriqueausbau dafür einzusetzen? Dies umso mehr, wenn es sich um einfachere, weniger strukturierte Weine handelte. Dafür sind zwei Methoden gebräuchlich: Entweder werden Lamellen von neuem Eichenholz in den Weintank gehängt oder man benutzt dafür Eichenholzspäne, sozusagen als „Würzmittel“. Diese Methoden sind in den Ländern der Neuen Welt längst üblich und viele der so aromatisch angereicherten Weine verkaufen sich gut. Warum nicht? könnte man meinen. Doch stellen sich dabei zwei Fragen: Was darf Wein alles zugefügt werden? Und sollte der Verbraucher über diese Zusätze und Methoden nicht informiert werden?

SCHAUMWEIN *und Schaumweinstile*

VON DER FASZINATION DER PERLENDEN WEINE

Champagner, Prosecco, Cava und Co.

Die Bläschen im Wein üben auf alle Menschen eine ganz eigene Faszination aus. Kein Wunder, dass fast jede Weinregion neben ihren stillen Weinen auch Schaumweine hervorbringt. Wir treten hier in einen ganz eigenen weltumspannenden Kontinent des Weins ein, in dem ein König unangefochten über allem steht: der Champagner, das Ur- und Vorbild aller Schaumweine.
In dieser Verkostungsrunde steht er deshalb zwangläufig auch für uns im Mittelpunkt. Mit einem Schaumwein aus dem Loiretal werden wir aber sehen, dass es neben dem König auch noch Prinzen gibt, die ihre ganz eigene Anmut und Ausstrahlung besitzen. Mit dem italienischen Prosecco lernen wir einen fröhlichen Prickler kennen. Der vierte Wein, ein Cava aus Penedés, repräsentiert die Stimme Spaniens im Konzert der hochwertigen Schaumweine. Um möglichst viele Erfahrungen zu sammeln, verkosten wir erst drei Weine und machen anschließend mit dem vierten ein Experiment.

DIE SHOPPING-TOUR

Kaufen Sie für dieses Tasting folgende 4 Weine ein:

1. Champagne Brut. Ohne Jahrgang. Sie können sich an die bekannten Champagnermarken halten oder einen Schaumwein aus einem kleineren Champagnerhaus wählen, die oft hervorragende Qualität anbieten. In diesem Fall halten Sie sich an die Empfehlung eines Fachhändlers. 20–30 Euro. 8–10 °C.

2. Saumur AOC Brut. Wenn Sie keinen Wein aus der Appellation Saumur finden, werden Sie vielleicht bei der übergeordneten Appellation Crémant de Loire fündig. Wichtig ist, dass der Wein aus der Rebsorte Chenin blanc oder aus Chenin im Verbund mit Chardonnay gekeltert wurde. Er sollte zudem Brut sein. Fachhandel, 10–15 Euro, 8–10 °C.

3. Prosecco di Valdobbiadene Spumante Brut. Auf dem Etikett kann auch stehen „Spumante Secco" oder „Extra Dry". Kaufhaus oder Fachhandel. 7–12 Euro, 6–8 °C.

4. Cava Brut Reserva. Neben den großen Firmen Codorníu und Freixenet stellen auch viele kleine Produzenten zum Teil hervorragenden Cava her. Am charakteristischsten sind Cavas mit einem nur geringen Chardonnay-Anteil. Kaufhaus oder Fachhandel. 8–15 Euro, 6–8 °C.

Spezielle Vorbereitungen

Man kann Schaumweine mit dem gleichen Degustationsglas wie alle anderen Weine verkosten, wir empfehlen Ihnen dennoch hohe Champagnergläser. Die Art und Qualität der Perlen lässt sich darin viel besser beurteilen. Ein Champagnerglas ist schlank, hoch und wird zu drei Vierteln gefüllt. Eine Sektschale ist zum Verkosten nicht geeignet. Man sieht darin die Bläschen kaum, weil sie durch die weite Öffnung rasch entweichen.

1. Eine kleine Standortbestimmung

VON CHARDONNAY, PINOT NOIR UND DER KELLERTECHNIK

Sie wissen mehr über Champagner, als Sie denken

SELBSTTEST REBSORTEN

Champagner wird – wie wir noch sehen werden – aus den roten Rebsorten Pinot noir und Pinot Meunier und aus dem weißen Chardonnay hergestellt. Deshalb sollten wir uns einige Erkenntnisse aus den vorhergehenden Runden nochmals ins Gedächtnis rufen.

Rebsorten Chardonnay und Pinot noir
Was charakterisiert diese beiden Rebsorten, wo liegen ihre Hauptverbreitungsgebiete und welche Weine werden aus ihnen gewonnen?

Kellertechnik
Kann man aus roten Trauben auch Weißwein keltern?

2. Die Degustationstechnik bei Schaumwein

WIE GEHT MAN MIT DER KOHLENSÄURE UM?

Wie riecht und schmeckt man, wenn's überall prickelt?

Wir haben nun schon einige Übung im Verkosten von stillen Weinen. Bei den Schaumweinen kommt ein neues und sehr dominantes Element dazu - die Bläschen und Perlen.

AUGE

Schenken Sie die Weine 1, 2 und 3 ein.

Zusätzlich stellen wir uns folgende Fragen:
Wie unterscheiden sich die drei Weine in der Farbe?
Welcher Wein schäumt nach dem Einschenken am stärksten?

Nachdem sich der erste Schaum gelegt hat:
Welcher Wein hat die feinsten Bläschen?
Welcher Wein hat den gleichmäßigsten Strom von Perlen?

Beobachten Sie die drei Weine ein paar Minuten lang. Wie entwickeln sich die Perlen?

WEINVERKOSTUNG

▶ *Für die Weine 1–4*

Weinbezeichnung: **Rebsorte(n):** **Jahrgang:** **Preis:**

Klarheit: ☐ klar ☐ trüb Intensität: ☐ blass ☐ tief

weiß: ☐ grüngelb ☐ hellgelb ☐ goldgelb rosé: ☐ himbeer ☐ lachs rot: ☐ purpur ☐ rubin ☐ rotbraun

Bemerkungen: (z. B. Kirchenfenster/Rand-Kernzone)

Reintönigkeit: ☐ ja ☐ nein Intensität: ☐ dezent ☐ mittel ☐ intensiv

Aromaausprägung: ☐ fruchtig ☐ blumig ☐ pflanzlich/vegetativ ☐ würzig

Aromaspektrum:

Auftakt: ☐ weich ☐ spritzig Süße: ☐ trocken ☐ süß

Gerbstoffe: ☐ dezent ☐ deutlich ☐ dominant Körper: ☐ leicht ☐ mittel ☐ voll

Abgang: ☐ kurz ☐ mittel ☐ lang Kohlensäure: ☐ unangenehm/grob ☐ angenehm/erfrischend

Qualität: ☐ fehlerhaft ☐ gut ☐ sehr gut ☐ hervorragend Lagerfähigkeit: ☐ jetzt trinken ☐ lagern___Jahre

Bemerkungen:

Die Perlen

Der Schaum und die Perlen sind das auffälligste Merkmal eines Schaumweins. Beim Einschenken schäumt der Wein auf. Die Menge des Schaums ist kein sicheres Zeichen für die Qualität des Weins. Hier spielen zu viele äußere Faktoren eine Rolle: die Temperatur, wie stark die Flasche bewegt wurde, die Oberfläche des Glases. In jedem Fall sollte der Schaum fein und fast ein wenig cremig sein. Erinnert er uns eher an Sprudel, so handelt es sich kaum um einen hochwertigen Schaumwein. Wenn der primäre Schaum verflogen ist, entwickelt sich ein gleichmäßiger Strom von Perlen. Feine, elegante Perlenschnüre, die lang anhalten, sind ein Zeichen für Qualität.

NASE

Versuchen Sie gleich nach dem Einschenken den Duft der drei Weine zu beurteilen. Schnuppern Sie erneut nach einigen Minuten. Schwenken Sie das Glas kräftig und riechen Sie noch einmal.

Hat sich der Duft verändert und wenn ja, wie?

Welcher Wein enthält Aromen, die Sie an weißes Brot, Butterkekse oder Toastbrot erinnern?

Der Duft

Wenn Sie gleich nach dem Einschenken am Glas schnuppern, sticht Ihnen vor allem das Kohlendioxid in die Nase. Sie müssen einige Augenblicke warten und das Glas eventuell kräftig schwenken, damit Ihre Nase ungestört den Duft des Weins wahrnehmen kann. Nun können Sie klar zwei verschiedene Duftwelten erschnuppern: die blumigen und fruchtigen Aromen einerseits und die aus dem Kontakt mit der Hefe entstandenen Aromen andererseits. Die erste Duftwelt kennen Sie bereits aus der Verkostung der stillen Weißweine. Die zweite entsteht bei den Schaumweinen, die in der Flasche eine zweite Gärung durchgemacht haben und dann im Kontakt mit den abgestorbenen Hefen über einige Monate gelagert wurden. Dabei entwickeln sich Aromen, die an Weißbrot, Brioche, Butterkekse und Toast erinnern.

GAUMEN

Nehmen Sie nun einen Schluck. Bewegen Sie ihn nicht allzu sehr mit der Zunge und schlürfen Sie nur zurückhaltend. Die dabei frei werdende Kohlensäure betäubt sonst ihre Geschmacksnerven.

Welcher Wein „sprudelt“ am meisten im Mund?

Welcher ist der cremigste?

Welcher Wein hat am meisten Säure?

Welcher hat die beste Süße-Säure-Balance?

Welcher hat den längsten Abgang?

Der Geschmack und das Mundgefühl

Als Erstes eröffnet Ihnen ein Schaumwein mit seinen Perlen auch im Mund ein neues taktiles Erlebnis der Frische und Lebendigkeit. Wenn die Perlen fein und elegant sind, wirkt die Kohlensäure nie aggressiv, je größer und gröber die Blasen, umso einfacher ist auch der Wein. Wie im Glas muss der Schaum auch im Mund verfliegen, erst dann eröffnen sich uns die anderen Qualitäten des Weins: Seine oft sehr präsente Säure, die mit etwas Süße ausbalanciert wird, sein Körper, der bei einem normalen Champagner mit dem oft hohen Anteil an roten Trauben fest und kräftig sein kann, und der Abgang. Alle diese Elemente spielen in einem guten Schaumwein harmonisch mit den Aromen zusammen und bilden ein geschlossenes und komplexes Gesamtbild.

3. Die drei Schaumweine

WAS SIE UNTERSCHEIDET, WAS SIE EINT

Champagner, Saumur und Prosecco

Wie bei den Stillweinen gibt es auch bei den Schaumweinen viele Stile. Hier aber ein paar allgemeine Charakteristiken.

Champagne Brut

Auge Blasses Gold, feine Perlage, die im gleichmäßigen Strom durch den Wein zieht.

Nase Überwiegt in der Cuvée (Zusammensetzung des Weins) der rote Pinot-Anteil, so dominieren im Duft die fruchtigen Aromen, während bei einem höheren Chardonnay-Anteil die blumigen Noten im Vordergrund stehen. In der Regel findet man auf der blumigen Seite Linden- und Holunderblüten und auf der fruchtigen die Aromen von Birnen, Äpfeln, Pfirsichen und Zitronen. Dazu treten meist auch Haselnüsse, Honigwachs und die von der Hefe stammenden Düfte von Toastbrot und Butterkeksen.

Gaumen Eine oft markant präsente Säure gibt dem Wein eine klare Struktur und erfrischt uns zusammen mit den Perlen und den Zitrusaromen. Eine im Brut-Champagner gerade noch wahrnehmbare Süße bildet dazu zusammen mit dem Körper und den Fruchtaromen das notwendige Gegengewicht. Im Idealfall ergänzen sich diese Elemente zu einer perfekten Balance.

Über den Wein Die Champagne ist die nördlichste Weinregion Frankreichs, hier schafft es die Rebe gerade noch gut zu gedeihen und im Durchschnitt der Jahre auch gesunde Trauben zur Reife zu bringen. Schlechte Jahre mit kühlen oder nassen Sommern können allerdings ganze Ernten gefährden. Die Winzer legen deshalb in guten Jahren immer Weinvorräte an, aus denen sie in den schlechteren ihren Wein zusammenstellen und so über die Jahre hinweg einen eigenen und oft gut wiedererkennbaren Champagnerstil entwickeln. Diese Weine tragen deshalb auch keine Jahrgangsangabe auf dem Etikett. Nur in ganz besonders guten Jahren entscheidet sich der Kellermeister dazu, einen Jahrgangs-Champagner abzufüllen, der dann auch entsprechend kostbar und teuer ist.

Hier in der Champagne wurde vor über 300 Jahren das Verfahren der Flaschengärung entwickelt, nach dem auch heute noch alle Champagner (und darüber hinaus Qualitätsschaumweine in der ganzen Welt) hergestellt werden. Auf der folgenden Seite wird dieses Verfahren ausführlich erklärt. Als Trauben werden vor allem die roten Rebsorten Pinot Meunier, mit 40 % der Rebfläche, und Pinot noir (35 %) verwendet. Der weiße Chardonnay steht mit 25 % erst auf dem dritten Platz. Die beiden Pinots verleihen dem Wein Körper und Frucht, der Chardonnay schenkt ihm neben seinen feinen blumigen und nussigen Aromen vor allem die Eleganz und Finesse.

Saumur AOC Brut

Auge Helles Zitronengelb mit grünlichen Reflexen. Feine, gleichmäßige Perlage.

Nase Die Aromen unterscheiden sich ganz deutlich von denen des Champagners: Im Vordergrund stehen Fruchtaromen von Quitte, Birne, Apfel, Grapefruit und Aprikosen, dahinter kann man süße Blütendüfte nach Akazien und Flieder entdecken. Auch vegetabile Aromen sind vorhanden: Brennnesseln und Heu.

Gaumen Achten Sie auf die Süße-Säure-Balance. Meist ist der Saumur etwas lieblicher als der Champagner. Auf der anderen Seite besitzt er immer eine kräftige, knackige Säure. Der Körper ist in der Regel etwas schlanker als bei den Pinot-geprägten Champagnern.

Über den Wein Die kleine Stadt Saumur liegt an der mittleren Loire in einer alten, mit historischen Zeugnissen reich geschmückten Gegend. Viele Gemeinsamkeiten verbinden diese Landschaft mit der Champagne: Wir befinden uns immer noch in einem kühlen nördlichen Klima, das eher strukturbetonte Weine begünstigt, die Reben stehen hier wie dort auf Kreideböden, die den Weinen eine verwandte mineralische Note verleihen und in die die Winzer oft kilometerlange Gänge gegraben haben.

Während in der Champagne aber fast ausschließlich Champagner produziert wird, wächst an der mittleren Loire eine fast unübersehbare Vielzahl von weißen und roten Rebsorten, aus denen die Winzer eine breite Palette von weißen, roséfarbenen und roten, stillen und schäumenden, trockenen und süßen Weinen keltern.

Im Schaumwein von Saumur dominiert meist die Chenin-blanc-Traube, die oft durch Chardonnay und andere weiße Rebsorten ergänzt wird.

Prosecco di Valdobbiadene

Auge Helles Strohgelb, oft mit einem leichten graurosa Schleier. Die Perlen sind meist deutlich größer als bei den beiden anderen Weinen und bilden keine so dauerhaften, feinen Schnüre.

Nase Nicht sehr ausgeprägt, man kann Lindenblüten entdecken, frische Zitronen und einen Hauch von Ananas.

Gaumen Milde, sanfte Säure. Meist deutliche Restsüße, die den leicht bitteren Abgang ausgleicht.

Über den Wein Der Prosecco wächst in der schönen Hügelzone von Treviso im Norden Venetiens und damit in einer deutlich wärmeren Klimazone als der Champagner und der Saumur. Die weiße Rebsorte heißt ebenso wie der Wein und wurde hier schon zur Zeit der Römer angepflanzt. Die aus ihr gekelterten Weine sind eher neutral und haben meist wenig Alkohol und Körper. Anfang des 20. Jahrhunderts hat man entdeckt, dass sich aus der Prosecco-Traube ein frischer und nicht besonders anspruchsvoller Schaumwein bereiten lässt, der trocken oder lieblich herrlich erfrischen kann. Zuerst wurde dazu das aus der Champagne bekannte Verfahren der Flaschengärung angewandt, heute ist man aber allgemein zum wesentlich kostengünstigeren Tankgärverfahren übergegangen.

4. Wie Schaumwein entsteht

WIE DIE KOHLENSÄURE IN DEN WEIN KOMMT

Von Flaschen- und Tankgärung

Die im Wein gelöste Kohlensäure ist das auffälligste und wichtigste Merkmal der Schaumweine. Wenn der Druck in der Flasche beim Öffnen aufgehoben wird und sich der Wein schließlich beim Einschenken zusätzlich bewegt, wird diese Kohlensäure frei und erfreut das Auge als Schaum und Perlage und den Gaumen mit ihrem Prickeln. Wie aber kommt sie in den Wein? Der Kellermeister nutzt dazu die Tatsache, dass bei der Gärung nicht nur Alkohol entsteht, sondern eben auch Kohlensäure. Geschieht dies in einem geschlossenen Behälter, so kann sie nicht entweichen und bleibt im Wein. Dieser Behälter kann die Champagnerflasche selbst sein oder aber ein großer Stahltank. Je nachdem spricht man von einer Flaschen- oder einer Tankgärung.

Die Flaschengärung

Ausgangsmaterial für dieses Verfahren ist ein fertig vergorener Grundwein. Diesen füllt man in Champagnerflaschen ab, die etwas dickwandiger sind als gewöhnliche Flaschen, damit sie dem starken Druck, der in der Flasche entsteht, standhalten können. Bei der Abfüllung fügt man dem Wein eine Mischung aus Hefe und Zucker bei, die schließlich in der verschlossenen Flasche zu gären beginnt. Jetzt entsteht die Kohlensäure, die sich im Wein löst. Gleichzeitig fallen die nach der Gärung abgestorbenen Hefen als Trub auf die Wand der liegenden Flasche. Durch die liegende Lagerung hat der Wein eine große Kontaktfläche mit dem Hefetrub. Der Kontakt mit diesem Hefetrub verleiht dem so hergestellten Wein die charakteristischen heftigen Aromen von Brot und Butterkeksen. Diese Flaschenreifung auf der Hefe dauert bei guten Champagnern mindestens 18 Monate. Nachher sollte der Hefetrub allerdings wieder aus der Flasche entfernt werden. Dazu wendet man ein sehr aufwändiges Verfahren an, das Rütteln. Die Flaschen werden dabei schräg kopfüber in ein Brett gesteckt und immer wieder ein wenig gedreht, damit sich der Bodensatz langsam im Flaschenhals sammelt. Dann wird der Hals vereist, die Flasche kurz geöffnet und der ganze Bodensatz kommt als Eispfropfen heraus. Der Mengenverlust wird wieder aufgefüllt und die Flasche endgültig verkorkt. Dieses Verfahren ist aufwändig und die Schaumweine, die damit hergestellt werden, natürlich auch entsprechend teuer.

Die Tankgärung oder Charmat-Methode

Bei dieser Methode findet die zweite Gärung nicht in der Flasche statt, sondern in einem großen Stahltank. Der Hefetrub sinkt dabei auf den Tankboden ab und kann leicht herausgefiltert werden. Der so geklärte Wein wird anschließend unter Druck in die Flaschen abgefüllt. Dieses Verfahren ist natürlich sehr viel billiger, hat aber einen großen Nachteil: Der Kontakt mit der Hefe ist im Tank weit weniger direkt und eng als in der Flasche, die bei der Flaschengärung entstehenden edlen Aromen fehlen bei diesen Weinen deshalb weitgehend. Auch die Perlen werden bei dieser Methode nie ganz so fein und edel wie bei der Flaschengärung. Für viele einfache Schaumweine (wie etwa Prosecco, Spumante und viele Sekte) ist die Tankgärung oder Charmat-Methode aber absolut hinreichend.

5. Zum Abschluss eine Übungsrunde

CAVA BRUT RESERVA

Wir wissen viel über die Herstellung und wollen unser Wissen testen

Schenken Sie jetzt noch den Wein Nr. 4 ein, den Cava. Verkosten Sie ihn mit dem Verkostungsblatt auf S. 100 und versuchen Sie herauszufinden, nach welcher Methode er hergestellt wurde. Tragen Sie unter der Rubrik „Bemerkungen" beim Auge Ihre Beobachtungen zum Schaum und den Perlen ein. Hier können Sie auch Ihre Vermutung hinschreiben, nach welcher Methode dieser Wein wohl hergestellt wurde. Lesen Sie unten, welche Antworten passend wären.

Cava

Auge Helles Gold, meist starker Schaum, dann aber schöne feine und dichte Perlage.

Nase Je nach der genauen Zusammensetzung des Weins können die Aromen recht stark variieren, sie reichen von eher neutral und hefig bis zu ausgeprägter Apfel- und Zitrusfruchtigkeit. Eine deutliche Erdigkeit ist fast immer zu spüren.

Gaumen Die meist etwas stärkere Perlage macht den Cava im Mund frisch und lebendig, der Champagner wirkt demgegenüber weicher und cremiger. Frische angenehme Säure. Meist etwas leichterer Körper als beim Champagner.

Über den Wein Die „Champagne" Spaniens liegt in der kühlen und hügeligen Landschaft rund um das Städtchen San Sadurní südlich von Barcelona in Katalonien. Hier wurde im Jahr 1872 zum ersten Mal ein spanischer flaschenvergorener Sekt hergestellt. Doch Katalonien ist nicht die Champagne und Cava keine Imitation des Champagners. Eigene, ausschließlich weiße Rebsorten, die in verschiedenen Höhenlagen auf unterschiedlichen Böden gezogen werden, geben dem Cava einen eigenständigen Charakter: Macabeo bildet die eigentliche Basis, er liebt hohe Lagen und verleiht dem Wein Säure und Frische, Xarello trägt das leicht erdige Aroma bei, und die edle Parella verleiht dem Wein Schmelz und Finesse. Seit einigen Jahren ist auch Chardonnay zugelassen. Damit werden die Weine champagnerähnlicher, verlieren aber etwas von ihrer Persönlichkeit.

Cava wird immer nach dem Flaschengärverfahren hergestellt. Die klugen Spanier haben aber Maschinen, die so genannten Gyropaletten, erfunden, die ihnen das mühsame Rütteln von Hand abnehmen.

Gyropaletten.

Château de Saumur an der Loire.

DIE WEINREGIONEN DER LOIRE
Sauvignon blanc und der Sancerre

► *von André Dominé*

DIE LOIRE ist mit ihren 1020 Kilometern Frankreichs längster Fluss. An ihren Ufern liegen vier bedeutende Weinregionen und mehr als 40 Appellationen. Sie entspringt an den westlichen Ausläufern der Cevennen. Zunächst fließt sie vorwiegend nach Norden. Ihr erstes herausragendes Anbaugebiet erreicht sie im Departement Centre.

Hier, an der oberen Loire, befindet sich die Hochburg des Sauvignon blanc. Er hat Sancerre und Pouilly-Fumé zu Weltruhm geführt. Darüber weiter unten mehr. Ihren nördlichsten Punkt erreicht die Loire bei Orléans, lange Zeit wichtiger Umschlagplatz für den Weinhandel und Zentrum der Essigproduktion. Dann wendet sie sich entschieden nach Westen.

Bald erreicht sie die Touraine. Diese verfügt über ein besonders breites Sortenspektrum, sowohl was Rot- als auch Weißweine betrifft, die sich ihre rund 10 000 Hektar Rebfläche teilen. Herausragende Qualität erlangen einerseits die aus Chenin blanc gekelterten Weine von Vouvray, Montlouis und Jasnières und dabei insbesondere die edelsüßen Spezialitäten. Andererseits liefert Cabernet franc in Bourgueil, Saint-Nicolas-de-Bourgueil und Chinon wundervolle Rotweine von ausgeprägtem Charakter und großem Alterungspotenzial.

Große Vielfalt

Es schließt sich das Anbaugebiet Anjou-Saumur an. Im Umkreis von Saumur erreicht der Cabernet franc mit dem Saumur-Champigny seinen samtigsten und elegantesten Ausdruck. Auch an diesem Teil der Loire und in ihren Nebentälern findet der Botrytis-Pilz (der die Trauben befallen muss, damit edelsüße Weine erzeugt werden können) oft geeignete Bedingungen und zaubert aus dem Chenin einige der größten Süßweine Frankreichs in Appellationen wie Coteaux de Layon, Quarts de Chaume oder Bonnezeaux. Dagegen reift er in der Nähe von Angers zu seiner großartigsten Version als trockener Weißwein heran, dem Savennières und der weltberühmten, in biodynamischem Anbau gewonnenen Coulée de Serrant. Flussabwärts folgt das Pays Nantais, wo die Loire bei Saint-Nazaire in den Atlantik mündet.

Historisch war Nantes über Jahrhunderte der Hafen, von dem aus alle Loire-Weine exportiert wurden. Deshalb verlegte man sich im Umkreis der Stadt, dem Muscadet-Gebiet, auf die Erzeugung von einfachem Massenwein, den holländische Wein- und Brandyhändler so bereitwillig abnahmen. Weine flussaufwärts wurden hoch besteuert und konnten sich nur aufgrund besonderer Qualität - wie bei den edelsüßen Spezialitäten - durchsetzen. Die wichtigste Rebsorte im Pays Nantais ist der Melon. Aus Burgund, von wo er einst eingeführt wurde, ist er heute so gut wie verschwunden. Melon wird inzwischen zu leichten, spritzigen, oft mineralischen Weißweinen vinifiziert, die ausgezeichnet zu Meeresfrüchten wie Austern passen. Um dem Wein mehr Charakter zu verleihen,

Ihren nördlichsten Punkt erreicht die Loire bei Orléans, lange Zeit wichtiger Umschlagplatz für den Weinhandel und Zentrum der Essigproduktion. Dann wendet sie sich entschieden nach Westen.

Blick aus den Weinbergen von Pouilly
über die Loire nach Sancerre.

wird er in den drei höherwertigen Muscadet-Gebieten Sèvre-et-Maine, Coteaux de la Loire und Coteaux de Grandlieu *sur lie*, das heißt auf den Feinhefen, ausgebaut.

Die Hochburg des Sauvignon

Während im Pays Nantais der Atlantik das Klima uneingeschränkt bestimmt, werden die überwiegend auf Osthängen angelegten Weinflächen der anderen Regionen durch Hügelketten dagegen leicht abgeschirmt. Zwischen Angers und Blois bestehen sie oft aus Tuffstein, aus dem viele der traumhaften Schlösser an diesem Abschnitt des Flusses errichtet worden sind. In ihren ausgedehnten Kellern hat sich die bedeutende Schaumweinproduktion des Crémant de Loire und des Saumur entwickelt, und auch trockene Weine altern darin ganz hervorragend.

In Sancerre und Pouilly-sur-Loire herrscht schon fast kontinentales Klima mit kalten Wintern und heißen Sommern. Sancerre ist ein mittelalterliches, befestigtes Städtchen, das auf einer Hügelkuppe thront, von der es den breiten Fluss überblickt. Zu der Appellation gehören insgesamt 14 Gemeinden.

Auf ihren Hängen gewinnt der Sauvignon Blanc, der seinen Ursprung an der Loire haben soll, ein besonders reizvolles aromatisches Profil. Dabei unterscheiden die Winzer von Sancerre selbst drei Varianten, die auf die verschiedenen Bodenformen zurückzuführen sind. Um den Ort selbst stößt man auf Flint, und Feuerstein ist das wohl typischste Aroma der Appellation. Die weißen Mergelböden bringen vollere Weine mit Blütennoten hervor, während Sauvignon auf dem Kalkschotter der *caillottes* sein schönes Cassis-Aroma entwickelt.

Oft werden diese Herkünfte miteinander assembliert, wodurch der Sancerre seine aromatische Komplexität gewinnt. Hinzu kommt eine charakteristische Frische, die ihn zu einem der attraktivsten trockenen Weißweine überhaupt macht. Die sehr grünen Aromen von Sauvignon-Weinen aus der Touraine oder aus dem Bordelais, aber auch aus Neuseeland oder Südafrika wirken im Vergleich zum Sancerre oft wie eine Karikatur der Sorte. Auch in den nahen Appellationen Menetou-Salon, Reuilly und Quincy werden bemerkenswerte Sauvignon-Weine erzeugt.

Allerdings ist Pouilly-Fumé auf der anderen Seite des Flusses der schärfste Konkurrent des Sancerre, wenn es um die Klasse der Weine geht. Auf seinen Kalksteinböden bildet die Sorte komplexe und intensive, wenn auch geringfügig dezentere Aromen aus und ergibt Weine mit mehr Rundheit und einer etwas festeren Struktur.

Man hat behauptet, dass Sauvignon-Weine der Loire nicht altern könnten. Das trifft auf die meisten der Sancerre- und der Blanc-Fumé-Weine aus Pouilly wohl kaum zu. Vielmehr ist bereits der Charme ihrer Jugend so reizvoll, dass die meisten von ihnen durch Alterung nichts hinzuzugewinnen vermögen. Ausnahmen, insbesondere aus weniger sonnigen Jahren und in Fässern vinifiziert, demonstrieren jedoch eindringlich, dass sich hinter dem Feuerwerk jugendlicher Aromen ein ausgeprägter Charakter verbirgt, den Kenner zu schätzen wissen.

Die sehr grünen Aromen von Sauvignon-Weinen aus der Touraine oder aus dem Bordelais, aber auch aus Neuseeland oder Südafrika wirken im Vergleich zum Sancerre oft wie eine Karikatur der Sorte.

I. Welt des Weins | II. Klass. Reben | III. Weitere Reben | IV. Degustation | V. Weißweinstile | VI. Rotweinstile | VII. Schaumweine | VIII. Süße Weine | IX. Wein & Essen

SÜSSE UND *verstärkte Weine*

VON DER NATUR UND VOM MENSCHEN GEMACHT

Sherry, Sauternes, Port und Co.

Die Weine der Antike waren wohl fast alle süß, denn nur so konnten sie haltbar gemacht werden. Süße Weine haben also eine lange Tradition. Unter der Sonne des Mittelmeers war es technisch kein Problem, den Zuckergehalt der Traubenbeeren zu konzentrieren: Man legte sie an die Sonne und sammelte dann zuckersüße Rosinen ein.
Schwieriger ist es, im kühlen Norden den gleichen Effekt zu erzielen. Wohl eher durch Zufall entdeckten aufmerksame Winzer zu verschiedenen Zeiten, dass Traubenbeeren, die von einem bestimmten Schimmelpilz, der Edelfäule, befallen werden, ebenfalls Wasser verlieren, zusammenschrumpfen und beim Keltern einen nektarsüßen Saft ergeben. Erst im späten Mittelalter haben die Alchemisten die Kunst der Destillation erfunden. Sie entdeckten, dass Weine, denen man Branntwein beimischte, sehr viel haltbarer waren. Geschah dies schon während der Gärung, wurde diese gestoppt, der Wein blieb süß.

DIE SHOPPING-TOUR

Kaufen Sie für dieses Tasting folgende 4 Weine ein:

1. Sherry Fino. Es gibt sehr viel minderwertigen und billigen Sherry, halten Sie sich an eine der großen, vertrauenswürdigen Firmen (Croft, González Byass, Harveys, Osborne, Sandemann) oder folgen Sie der Empfehlung Ihres Fachhändlers. Wenn Sie einen Manzanilla finden, ist er für unsere Verkostung ebenfalls gut geeignet. Kaufhaus, Fachhandel. 20–25 Euro. 6–8 °C.

2. Sauternes. Wenn Sie sich einen Cru Classé leisten, schenken Sie sich ein wunderbares Trinkvergnügen, Sie müssen dafür allerdings etwas tiefer in die Tasche greifen. Lassen Sie sich vom Fachhändler beraten, er kennt vielleicht eine etwas kostengünstigere Alternative. Für einen Cru Classé ab 30 Euro. 10–12 °C.

3. Muscat de Rivesaltes. Achten Sie darauf, dass auf dem Etikett steht: Appellation Muscat de Rivesaltes Contrôllée. Fachhandel. 10–15 Euro. 8–10 °C.

4. Port: Tawny oder Late Bottled Vintage Port. Besonders beim Tawny gibt es sehr unterschiedliche Qualitäten. Es ist daher dringend zu empfehlen, sich dem Fachhandel anzuvertrauen. Ab etwa 15 Euro für den Tawny und ab 20 Euro für den Late Bottled Vintage Port. 14–16 °C.

Spezielle Vorbereitungen

Zum Verkosten der Süßweine können Sie die üblichen Verkostungsgläser verwenden.

1. Eine kleine Standortbestimmung

WIE WAR DAS MIT DER WEINHERSTELLUNG?

Was im Dunkel des Kellers so alles geschieht

SELBSTTEST KELLERTECHNIK

Im Keller verwandelt sich der Most bzw. die Maische in Wein. Was dabei beim „normalen" Weiß- bzw. Rotwein geschieht, haben wir schon kennengelernt:

Welche Rolle spielen die Beerenhäute bei der Herstellung von Weißwein?

Was bedeuten sie für den Rotwein?

Zu welchem Zeitpunkt wird beim Weißwein der Saft abgepresst?
Wann geschieht das beim Rotwein?

Welche Kleinstlebewesen verwandeln den Zucker der Beeren in Alkohol?
Was entsteht dabei sonst noch?

Herkunft der Aromen Was versteht man unter Primär-, Sekundär- und Tertiäraromen?

Klimazonen Zu welchen Klimazonen gehören die vier Weine dieser Verkostung?

2. Sherry – Frische, Finesse und Kraft

TROCKEN UND VERSTÄRKT

Und eine Klasse für sich

Wir haben in den letzten Verkostungsrunden immer zwei oder mehr Weine miteinander verglichen und dabei deren Unterschiede herausgearbeitet. Im Vergleich hat sich die Eigenart jedes Weins schärfer fassen lassen, als wenn man ihn für sich allein verkostet hätte.

Beim Sherry sind wir gezwungen, von diesem Prinzip abzuweichen. Dafür gibt es zwei gute Gründe: Zum einen ist Sherry ein so unvergleichlicher Wein, dass es schwierig ist, ihm einen Partner auf gleicher Augenhöhe und mit ähnlicher Stilistik zur Seite zu stellen. Zum anderen ist er der einzige trockene Wein in dieser Verkostungsrunde. Neben einem süßen Wein hätte er es äußerst schwer, sich in seiner Eigenart zu behaupten, denn ein Süßwein deckt unsere Geschmacksnerven so dominant zu, dass ein trockener Wein daneben keinen Platz mehr findet.

WEINVERKOSTUNG

Für den Wein 1

Weinbezeichnung: **Rebsorte(n):** **Jahrgang:** **Preis:**

Klarheit: ☐ klar ☐ trüb Intensität: ☐ blass ☐ tief

weiß: ☐ grüngelb ☐ hellgelb ☐ goldgelb rosé: ☐ himbeer ☐ lachs rot: ☐ purpur ☐ rubin ☐ rotbraun

Bemerkungen: (z. B. Kirchenfenster/Rand-Kernzone)

Reintönigkeit: ☐ ja ☐ nein Intensität: ☐ dezent ☐ mittel ☐ intensiv

Aromaausprägung: ☐ fruchtig ☐ blumig ☐ pflanzlich/vegetativ ☐ würzig

Aromaspektrum:

Auftakt: ☐ weich ☐ spritzig Süße: ☐ trocken ☐ süß

Gerbstoffe: ☐ dezent ☐ deutlich ☐ dominant Körper: ☐ leicht ☐ mittel ☐ voll

Abgang: ☐ kurz ☐ mittel ☐ lang Kohlensäure: ☐ unangenehm/grob ☐ angenehm/erfrischend

Qualität: ☐ fehlerhaft ☐ gut ☐ sehr gut ☐ hervorragend Lagerfähigkeit: ☐ jetzt trinken ☐ lagern___Jahre

Bemerkungen:

SYSTEMATISCHE VERKOSTUNG

Verkosten Sie den Sherry, stellen Sie sich folgende Fragen:

Spontan erwarten wir, dass sich ein körperreicher Wein schon in der Tiefe seiner Farbe ankündigt. Wird diese Erwartung hier erfüllt?

Welcher Herkunftskategorie könnten die Aromen zugeordnet werden? Versuchen Sie dabei die Aromen mit Hilfe der Aromentabellen (vordere Buchklappe) zu bestimmen und zuzuordnen.

Wie verhalten sich Struktur und Körper zueinander?

Wie hoch ist der Alkoholgehalt des Weins?

Sherry

Auge Strohblond. Die Farbe ist hell, klar und glänzend und deutet auf die Feinheit und Frische des Weins hin. Die Farbtiefe jedoch lässt die Kraft des Sherry noch kaum erahnen.

Nase Der Duft ist gleichzeitig intensiv und delikat, zart und kraftvoll. Blumen- und Fruchtaromen werden Sie wohl kaum entdecken. Dafür Aromen, die erst durch den langen und komplexen Verarbeitungsprozess entstanden sind: Hefe (Weißbrot, Brotrinde), Nüsse (Mandeln und Walnüsse), strenge Gewürze (Kamille, Sojasauce) und Rauch (Medizinton, Jod). Tatsächlich ist die Rebsorte Palomino ziemlich geschmacksneutral. Ihre große Stärke liegt in der Fähigkeit, diese Tertiäraromen zu entwickeln.

Gaumen Sie werden zuerst fast etwas geschockt sein, wie knochentrocken dieser Wein schmeckt. Und tatsächlich muss man sich erst daran gewöhnen. Der Wein schmeckt frisch, hat keine ausgeprägte Säure, dafür eine angenehme Bitternote im Abgang. Vielleicht entdecken Sie eine leichte Salzigkeit. Sherry besitzt einen reichen Körper, der den Mund füllt. Man spürt die Wärme des Alkohols.

Über den Wein Die Sherry-Rebsorte Palomino wächst auf ähnlichen schneeweißen Kreideböden wie die Champagner-Reben in der Champagne. Auch wenn sonst nur wenig Gemeinsamkeiten zwischen diesen beiden bestehen, kann man doch eine auffällige Verwandtschaft feststellen: Beide Weine erreichen ihre wahre Größe erst im Kontakt mit der Hefe während der Reifung. Palomino bringt nirgendwo auf der Welt nennenswerte Weine hervor. Nur hier in Andalusien geschieht das Wunder. Der vollkommen durchgegorene, trockene Wein wird mit Branntwein auf 15,5 Vol.-% Alkohol verstärkt und in nur zu fünf Sechstel volle Holzfässer gefüllt (abgezogen). Nun entwickelt sich auf der Oberfläche des Weins eine dichte weiße Hefeschicht, der Flor. Diese schirmt ihn gegen den Sauerstoff der Luft ab, sodass er über Jahren hinweg reifen kann. Anschließend kommt er zur weiteren Reifung in die so genannte Solera, eine dreistufige Fasspyramide, aus deren unterster Lage immer wieder Wein entnommen wird, der anschließend aus den oberen Stufen wieder aufgefüllt wird. Der jüngste Wein kommt in die oberste Lage. Man nennt sie deshalb auch Crianza, Kinderstube. So mischen sich im Verlauf der Jahre die Jahrgänge zu einem einheitlichen Stil. Der so gewonnene Wein heißt Fino, ist trocken, von erfrischender Leichtigkeit und nachhaltiger Intensität.

3. Die zwei süßen Weißweine

SÜSS IST NICHT GLEICH SÜSS

Muscat de Rivesaltes und Sauternes

SYSTEMATISCHE VERKOSTUNG

Schenken Sie sich nun den Muscat und den Sauternes ein. Verkosten Sie die Weine. Vergleichen Sie sie aber auch mit dem Sherry:

Welcher von den drei Weinen hat die tiefste Farbe?

Welche beiden Weine sind sich in der Farbe am ähnlichsten?

Welcher der drei Weine ist in seinem Aroma am stärksten von der primären Frucht der Traube geprägt? Sie kennen diese Traube auch als Tafeltraube. Wie heißt sie?

Welcher der beiden Süßweine besitzt die komplexere Nase?

Wie beurteilen Sie das Entwicklungs- und Reifungspotenzial der beiden Süßweine?

WEINVERKOSTUNG

▸ *Für die Weine 2–4*

Weinbezeichnung: **Rebsorte(n):** **Jahrgang:** **Preis:**

Klarheit: ☐ klar ☐ trüb Intensität: ☐ blass ☐ tief

weiß: ☐ grüngelb ☐ hellgelb ☐ goldgelb rosé: ☐ himbeer ☐ lachs rot: ☐ purpur ☐ rubin ☐ rotbraun

Bemerkungen: (z. B. Kirchenfenster/Rand-Kernzone)

Reintönigkeit: ☐ ja ☐ nein Intensität: ☐ dezent ☐ mittel ☐ intensiv

Aromaausprägung: ☐ fruchtig ☐ blumig ☐ pflanzlich/vegetativ ☐ würzig

Aromaspektrum:

Auftakt: ☐ weich ☐ spritzig Süße: ☐ trocken ☐ süß

Gerbstoffe: ☐ dezent ☐ deutlich ☐ dominant Körper: ☐ leicht ☐ mittel ☐ voll

Abgang: ☐ kurz ☐ mittel ☐ lang Kohlensäure: ☐ unangenehm/grob ☐ angenehm/erfrischend

Qualität: ☐ fehlerhaft ☐ gut ☐ sehr gut ☐ hervorragend Lagerfähigkeit: ☐ jetzt trinken ☐ lagern___Jahre

Bemerkungen:

Der Sherry, den wir eben verkostet haben, gehört zu den trockensten Weinen überhaupt. Nun springen wir mit den beiden folgenden Weinen ganz ans andere Ende der Süß-Trocken-Skala, zu zwei Weinen, bei denen der Winzer und Kellermeister all seine Kunst aufgewendet hat, um unseren Gaumen mit möglichst viel üppiger Süße zu verwöhnen. Die Wege, die sie dabei beschritten haben, sind aber völlig verschieden, wie Sie nach der Verkostung in den Porträts erfahren werden. Süß ist eben nicht gleich süß.

Muscat de Rivesaltes

Auge Helles, strahlendes Gold.

Nase Der Duft des Muscat ist sehr stark von der primären Frucht geprägt. Kaum eine andere Rebsorte duftet auch als Wein noch so stark nach den frischen Traubenbeeren wie der Muscat. Dazu treten blumige Noten (Ginster, Akazie) und die Aromen frischer und kandierter Zitronen und Mandarinen. Man kann auch vegetabile Düfte nach aromatischen Kräutern (Eisenkraut, Minze) entdecken. Die Nase ist insgesamt überwältigend intensiv und von Blumen und Früchten geprägt.

Gaumen Die Erkenntnisse, die uns Auge und Nase vermittelt haben, setzen sich am Gaumen fort. Der Muscat besticht durch seine frische Säure, die zusammen mit der Süße die Fruchtaromen unterstreicht und verstärkt. Sein Charme ist Frische und Jugend. In der Regel werden diese Weine jung getrunken.

Über den Wein Beim Muscat wird, anders als beim Sherry, der Branntwein nicht erst nach, sondern schon während der Gärung zugesetzt. Damit werden die Hefepilze abgetötet, die Gärung kommt zum Stillstand, und der Wein bleibt süß. Der große Alchemist und Rektor der Universität von Montpellier Arnaldus von Villanova hat diesen Vorgang im späten Mittelalter entdeckt und damit die Tradition der großen südfranzösischen Süßweine begründet. Die Rebsorte für unseren Wein, den Muscat, brachten aber die Griechen schon im 7. Jahrhundert vor Christus ins Land. Diese hocharomatische Traube ist möglicherweise eine der ältesten, die von den Menschen überhaupt kultiviert wurden. Die Frische und Reinheit ihrer Aromen macht den ganzen Charme der aus ihr gekelterten Weine aus. Heute gilt die Vorschrift, dass der Most für den Muscat de Rivesaltes vor der Gärung einen Zuckergehalt von mindestens 252 g pro Liter enthalten muss und dass ihm während der Gärung nur 5–10 % reiner Alkohol zugefügt werden darf. Der fertige Wein enthält dann etwa 15 Vol.-% Alkohol und mindestens 100 g Restzucker pro Liter. Muscat de Rivesaltes ist jung (1–3 Jahre nach der Ernte) am besten, es gibt aber auch Weinliebhaber, die die komplexen Geschmacksnoten gereifter Muscats schätzen.

Sauternes

Auge Der Wein leuchtet in einem tiefen Altgold, das sich mit der Zeit zu einem dunklen Bernstein weiterentwickelt.

Eine Anmerkung: Der Sherry und der Muscat dürften sich in der Farbtiefe näher stehen und deutlich heller sein als der Sauternes. Der Grund dafür liegt im Herstellungsverfahren. Beim Sauternes wurden durch die Arbeit der Edelfäule alle Inhaltsstoffe der Beeren konzentriert, und dazu gehört natürlich auch die Farbe. Er leuchtet deshalb in einem warmen, tiefen Altgold. Bei den beiden anderen Weinen wurde einem „normalen" Weißwein Alkohol zur Verstärkung zugesetzt. Dieser Vorgang hat keinen Einfluss auf die ursprüngliche Farbe, sie behält ihre Qualität und Tiefe.

Nase Fruchtaromen stehen im Vordergrund (Aprikosen, Orangen und Orangeat, Quitten), dazu treten aber deutliche Nussaromen

(Mandeln und Haselnüsse) und Gewürze (Zimt, Honig und Bienenwachs). Ein ganz eigener, schwer zu beschreibender Duft entwickelt sich durch die Edelfäule, die Franzosen nennen ihn *rôti,* geröstet und tatsächlich kann man sich an Bratenduft erinnert fühlen, aber auch an Pralinen.

Gaumen Der Sauternes zeigt auch am Gaumen seine aromatische Fülle und Tiefe. Die üppigen Aromen werden ergänzt durch einen opulenten Körper, eine kräftige Säure und eine schmelzende Süße. Ein unendlich langer Abgang beschließt dieses große Weinerlebnis. Diese Weine gehören zu den langlebigsten der Welt, sie entwickeln dabei immer neue und tiefere Aromen.

Über den Wein Der Sauternes ist der einzige der drei bisher verkosteten Weine, der nicht mit Alkohol verstärkt wurde, sondern seine Süße und seine Stärke ausschließlich dem natürlichen Zucker in den Beeren verdankt.

Das Anbaugebiet des Sauternes liegt im südlichen Bordelais am linken Ufer der Garonne. Ihr warmes Wasser mischt sich dort mit dem des kleinen Flüsschens Ciron, das direkt aus den kühlen und schattigen Bergen herunterfließt. Im Herbst führt das regelmäßig zu einer dichten Nebelbildung, die von der warmen Herbstsonne ebenso regelmäßig im Verlauf des Tages aufgelöst wird. In diesem Treibhausklima kann sich auf den Traubenbeeren ein Pilz entwickeln, die Edelfäule. Dieser Pilz perforiert die Haut der Beeren und entzieht ihnen Wasser. Sie schrumpeln dabei ein und konzentrieren Zucker und alle Aromen. Da dieser Pilzbefall in jedem Jahr anders verläuft und auch meist nicht den ganzen Weinberg auf einmal befällt, gleicht die Arbeit des Winzers einem Lotteriespiel. Oft muss er lange warten und in verschiedenen Durchgängen die Trauben einzeln lesen. Dabei ist die Ausbeute naturgemäß viel geringer, meist nur die Hälfte oder weniger als bei den „normalen“ Weinen. Die Rebsorten sind: Sémillon (70–80 %), er ist durch seine dünnen Beerenhäute besonders anfällig für den Pilzbefall; Sauvignon blanc (20–30 %), er bringt Säure und Frische ein; und die aromatische Muscadelle, sie ergänzt mit einem kleinen Prozentanteil die Duftpalette.

4. Portwein

EIN VERSTÄRKTER ROTWEIN

▸ *Wie vielfältig er sein kann*

SYSTEMATISCHE VERKOSTUNG

Schenken Sie sich nun den vierten Wein ein und verkosten Sie ihn anhand des Degustationsblatts (auf S. 114) nach dem vertrauten Schema. Achten Sie dabei vor allem auch auf die Konsistenz (Viskosität) und den Alkoholgehalt. Wenn Sie ihn ebenfalls mit den anderen Weinen verglichen haben, erfahren Sie im Porträt noch mehr über ihn.

Portwein

Auge Je nachdem, ob Sie einen Tawny oder einen Late Bottled Vintage Port (LBV) ausgewählt haben, werden Sie etwas unterschiedliche Beobachtungen machen können. Die Farbe des Tawny ist durch die jahrelange Fasslagerung relativ hell geworden und glänzt jetzt wohl in einem hellen Ziegelrot, Rotgold oder vielleicht sogar Strohgelb. Rotweine werden mit dem Alter heller und nähern sich immer mehr der Farbe eines reifen Weißweins an. Es ist daher gut möglich, dass unser Sauternes in Glas drei farblich nicht weit vom Tawny in Glas vier entfernt ist. Sollten Sie aber einen LBV Port gewählt haben, so sieht die Sache völlig anders aus. Er glüht wohl in einem tiefen Rubinrot und ist meist etwas trüb oder doch opak (undurchsichtig). Wir haben es zweifellos mit einem Rotwein zu tun.

Nase Süße, reife Fruchtaromen von gekochten und eingelegten Zwetschgen und Kirschen vermischen sich mit Orangen und getrockneten Feigen, dazu treten Nüsse und Gewürze (Pfeffer, Zimt, Nelken) und die typischen Aromen der Reife (Karamell, Leder, Tabak).

Gaumen Man spürt sofort die Wärme des Alkohols, die sich mit der Wärme der Aromen von gekochten Früchten und der pfeffrigen Würze verbindet. Die Süße kann sehr unterschiedlich sein. Im Idealfall unterstützt sie den üppigen Fruchtcharakter und wirkt nicht pappig oder schwer. Der reiche Körper füllt den Mund und dringt bis in die Seele vor. Langer Abgang.

Über den Wein Wie beim Muscat wird auch beim Portwein die Gärung durch Zugabe von Branntwein gestoppt, sie dauert in der Regel nicht länger als ein bis zwei Tage. In dieser kurzen Zeit muss ein Maximum an Farbe und Extraktstoffen aus den Beerenhäuten herausgelöst werden. Das schafft die Natur allein nicht, der Mensch ist also gefragt und macht sich bereitwillig an die Arbeit. Der Tradition folgend steigt die Jugend der Weindörfer mit nackten Füssen in die großen Steintröge und stampft die Trauben zu Musik und Gesang. Heute machen das außerhalb der Touristenorte hauptsächlich Maschinen. Nach dem Spriten (wie man die Zugabe von Branntwein nennt) und Pressen kommt der junge Wein für zwei Jahre in die berühmten Pipes, Fässer mit 520 Liter Inhalt. Ein Teil bleibt auch nachher noch für Jahre im Fass und wird dann trinkreif abgefüllt. Die Länge der Fasslagerung entscheidet über die Qualität und den Stil. Ein geringer Teil kommt aber direkt in die Flasche und reift dort noch Jahrzehnte weiter. Weil das nur in den besten Jahren geschieht, nennt man diesen Wein Vintage Port.

Ruby ist der einfachste Portwein. Er liegt nur zwei bis drei Jahre im Tank und kommt dann gleich in die Flasche und in den Verkauf. Seine Farbe ist *ruby* das heißt rubinrot, kräftig und saftig.

Tawny bleibt wesentlich länger im Fass, er „verliert“ dabei an Farbe und wird *tawny*, also strohgelb bis rotgolden. Vorsicht, viele nachgemachte Tawny-Ports werden einfach mit etwas weißem Wein aufgehellt.

Late Bottled Vintage Port wird aus den Trauben eines einzigen Jahrgangs gekeltert, bleibt vier bis sechs Jahre im Fass und wird dann in Flaschen abgefüllt. Er ist sofort trinkbereit.

Vintage Port wird nur in den besten Jahren erzeugt. Er kommt nach zwei bis drei Jahren Fassreifung in die Flasche und ist erst nach etwa 20 Jahren trinkreif.

Nach Süden ausgerichtete Steillage an der Mosel.

MOSEL, SAAR, RUWER

und ihre Weine

► *von André Dominé*

ES GIBT zahlreiche Zeugnisse aus der Römerzeit, die belegen, dass an den Hängen über der Mosel schon im Altertum Wein angebaut wurde. Dabei ist der Weinbau dort, in einer der nördlichsten Rebzonen der Welt, schwierig, weil Trauben nur auf ganz besonderen Lagen eine gute bis hervorragende Reife erreichen können. Nur der Sonne zugewandte Hänge bieten die klimatischen Voraussetzungen. Sie werden durch die Mosel und ihre temperierende Wärme verstärkt. Hinzu kommen an der Mittel- und der Untermosel – heute Terrassenmosel genannt – die Wärme speichernden und gut drainierenden Blauschieferböden. Auch die Topographie spielt durch Gefälle und Neigung eine entscheidende Rolle. Kommen diese Faktoren zusammen, dann reifen an der Mosel Rieslinge, die in ihrer Art einmalig sind. Sie besitzen durch die ausgedehnte Reifeperiode sehr große aromatische Intensität, viel Lebhaftigkeit und einen interessanten mineralischen Charakter.

Nicht überall an der Mosel gedeiht Riesling, auch wenn er mit 54 % überwiegt. In weniger begünstigten Lagen, also auf flacherem Gelände an Mittel- und Untermosel und besonders an der Obermosel zwischen Trier und Luxemburg, sind insgesamt bis zu 20 % der Rebfläche mit Müller-Thurgau, 9 % mit Elbling und 7 % mit Kerner bestockt, und auch der Rotweintrend hat vor der Mosel nicht Halt gemacht. Während sich der Elbling als frischer, neutraler, trockener Wein an der Obermosel einen gewissen Namen als Schoppenwein erworben hat und man dort sonst den Most oft versektet, lieferten die anderen beiden Sorten die Grundlage für die billigen, nachgesüßten Massenweine, mit denen das Image der Mosel und des deutschen Weins insgesamt in den letzten Jahrzehnten erheblichen Schaden erlitt.

Nicht überall an der Mosel gedeiht Riesling. Müller-Thurgau und Kerner lieferten die Grundlage für die billigen Massenweine, mit denen das Image der Mosel und des deutschen Weins in den letzten Jahrzehnten erheblichen Schaden erlitt.

Intensive Frucht, rassige Säure

Die Weinberge an der Saar, die südlich von Trier in die Mosel mündet, sind weniger geschützt, ihr Tal ist weitaus offener. Dies bedeutet weniger Wärme und höhere Frostgefahr. Außerdem sind die Hänge weniger steil und nur selten nach Süden ausgerichtet, auch wenn die besten ebenfalls aus Schiefer bestehen. In den Weinen spiegeln sich das kühlere und rauere Klima und die weniger günstige Topographie in höherem Säuregehalt wider, der in schlechten Jahren recht aggressiv ausfallen kann. In guten Jahrgängen, wenn die Trauben höhere Mostgewichte erreichen, zeigen die Weine eine faszinierende Intensität und Komplexität und dank der dann rassigen Säure eine außerordentliche Finesse. In Egon Müllers edelsüßen Weinen vom Scharzhofberg, die zu recht zu den teuersten der Welt zählen, erreichen sie ihre Vollendung. Durch das schmale Ruwertal fließt der gleichnamige Bach, der unmittelbar nördlich von Trier in die Mosel mündet. Auch hier herrscht ein kühleres Klima, das zu ausgeprägter Säure im Traubengut führt, aber von den überwiegend aus Grau- und Rot-, teils auch aus

Die berühmten Lagen Maximin Grünhäusers
Abts- und Herrenberg an der Ruwer.

Blauschiefer bestehenden Hängen kommen sehr fruchtbetonte Weine. Die Zahl der Weingüter und die Rebfläche (weniger als 250 ha) ist gering, aber die Ruwerweine genießen einen ausgezeichneten Ruf. Entscheidenden Anteil daran hat die C. von Schubert'sche Schlosskellerei mit den Lagen Maximin Grünhäusers Abts- und Herrenberg. Urkundlich nachgewiesen wird hier seit 966 Wein kultiviert, aber das beeindruckende Hauptgebäude enthält römische Bauteile und wurde vermutlich an der Stelle einer ehemaligen Villa rustica errichtet.

Sagenhaftes Alterungspotenzial

Dr. Carl-Ferdinand von Schubert, der über „Die Wirtschaftlichkeit des Weinbaus am Steilhang" promovierte, ist ein begeisterter Riesling-Anhänger: „Es gibt keine andere Rebsorte, die diese vielen feinen Nuancen zwischen ganz trocken und ganz süß entfalten kann. Der Riesling verfügt über ein breites Spektrum an Variationen von trockenen Weinen, dann von vorsichtig halbtrockenen und lieblichen bis hin zu den edelsüßen Weinen. Deshalb ist es einfach nur logisch und macht außerdem sehr viel Spaß, die Weine auch so verschieden auszubauen. Ich folge da meinem eigenen Geschmack, denn ich mag Riesling-Weine von Tag zu Tag unterschiedlich, von Essen zu Essen anders und ziehe es ohnehin vor, die verschiedenen Varianten kombiniert zu servieren."

Dr. von Schubert bedauert, dass manche Kunden sich auf die trockene Ausbauart beschränken. Ihnen entgehen die lieblichen und edelsüßen Spezialitäten, die ein viel höheres Alterungspotenzial aufweisen. Gerade dies ist es, was den Rieslingen aus den Anbaugebieten an Mosel, Saar und Ruwer ihre Ausnahmestellung und ihren Platz unter den größten Weinen der Welt sichert. „Ich kann bestätigen", sagt Dr. von Schubert, „dass selbst der einfachste Qualitätswein in der restsüßen Variante zu einem Preis von sieben bis acht Euro ein Alterungspotenzial von 30 Jahren und mehr hat. Bei den trockenen Weinen ist die Lebensdauer dagegen deutlich kürzer."

Selbst aus eher schwierigen Jahrgängen wie 1973, 1974 oder 1977 haben sich die Weine ausgezeichnet gehalten, sie sind jetzt geschmacklich recht trocken, aber heute immer noch sehr gut zu trinken. Daraus lässt sich schließen, dass die Einschätzung der Qualität eines Jahrgangs keinen sonderlichen Einfluss auf die tatsächliche Alterungsfähigkeit restsüßer Riesling-Weine hat.

Der Ruhm, den Moselweine heute speziell in den USA und in Japan genießen, beruht auf der außerordentlich hohen Qualität der lieblichen und edelsüßen Weine. Diese Weinstile sind eher jüngere Entwicklungen. Erst 1921 wurde die erste Trockenbeerenauslese im Bernkasteler Doctor eingebracht, und die bestechend klaren und sauberen Qualitätsweine mit Restsüße wurden erst durch die Einführung der sterilen Filtrierung in den 1960er Jahren ermöglicht. Früher war der Restzuckergehalt der Weine der Natur überlassen oder musste durch große Mengen Schwefeldioxid erkauft werden. Die Popularität dieser Weinstile im Export beruht nicht zuletzt darauf, dass sie ausgezeichnet zur asiatischen Küche und zur *fusion food* harmonieren, die beide oft leicht süßlich sind.

Der Ruhm, den Moselweine heute speziell in den USA und in Japan genießen, beruht auf der außerordentlich hohen Qualität der lieblichen und edelsüßen Weine.

VERSCHIEDENE WEINE UND *die passenden Speisen*

WAS SICH LIEBT UND WAS SICH BESSER AUS DEM WEG GEHT

▸ *Sieben Geschmackslaboratorien und ein Ausblick*

Kein Wein wird gekeltert, um später von Degustatoren verkostet und ausgespuckt zu werden. Wein gehört eigentlich auf den Tisch, neben die Teller und Schüsseln, zum Essen und nicht in einen sterilen Degustationsraum. Er regt den Appetit an, begleitet das Mahl und ergänzt es, hilft das Essen bekömmlich zu machen und öffnet nicht zuletzt auch unseren Geist für die Geselligkeit.

Wir haben in den letzten Verkostungsrunden eine bunte Reihe von Weinen kennen gelernt. Aus dieser Reihe wollen wir heute einige herausgreifen und sie in ihren wirklichen Lebenszusammenhang stellen – wir bringen sie mit exemplarischen Speisen zusammen. Auch das ist natürlich ein Experiment und damit immer noch nicht der tatsächliche Platz im Leben, der in einem Weinkurs auch nicht wirklich herzustellen ist. In einem letzten Abschnitt erläutern wir schließlich einige grundsätzliche Dinge über das harmonische Zusammenleben von Wein und Essen.

DIE SHOPPING-TOUR

Kaufen Sie für dieses Tasting folgende 5 Weine und die Lebensmittel ein:

Weiß

1. Riesling Kabinett trocken Rheingau. Fachhandel oder Kaufhaus (mit Beratung), 6–10 Euro, 6–8 °C.

2. Chardonnay Australien, ohne allzu viel Holzausbau. Fachhandel oder Kaufhaus (mit Beratung). 8–10 Euro, 8–10 °C.

Rot

3. Spätburgunder aus Baden oder aus der Pfalz. Fachhandel oder gut sortiertes Kaufhaus. 12–15 Euro. 12–14 °C.

4. Bordeaux Médoc Cru Bourgeois. Fachhandel. 8–12 Euro. 16–18 °C.

Süß

5. Sauternes. Eine halbe (kleine) Flasche ist für unsere Zwecke absolut hinreichend und auch erschwinglich. Preis für eine halbe Flasche eines Cru Classé ab etwas 18 Euro. 10–12 °C.

Speisen

Alle aus dem Feinkostladen:

- gegarte Garnelen
- Geflügelleberterrine
- kalte gebratene Hühnerbrust
- kaltes Roastbeef
- Salami aus Italien
- cremiger Weichkäse (Brie)
- salziger Hartkäse (Gruyère)
- Blauschimmelkäse (Roquefort)
- Apfelstrudel oder Apfelkuchen

1. Eine kleine Standortbestimmung

WIE OBJEKTIV IST EINE DEGUSTATION?

Man kann nicht zweimal in den gleichen Fluss steigen

GLEICHE WEINE ZU VERSCHIEDENEN ZEITEN

Alle fünf Weine, die wir heute auf dem Tisch haben, sind in einer der vier vorhergehenden Verkostungsrunden schon einmal von Ihnen degustiert worden. Suchen Sie Ihre alten Notizen hervor und legen sie erst einmal beiseite. Verkosten Sie die Weine dann nochmals und füllen das Verkostungsblatt neu aus. Vergleichen Sie anschließend Ihre heutigen Notizen mit den früheren.

Wahrscheinlich werden Sie bei diesem Vergleich feststellen, dass Sie den gleichen Wein an den beiden Tagen etwas unterschiedlich wahrgenommen haben. Das ist ganz normal, denn unser Geschmacksempfinden wird von vielen Einflüssen mitbestimmt, die sich häufig verändern können. Diese Unterschiede festzustellen ist das Ziel dieses kleinen Selbsttests. Wenn sich unsere Wahrnehmung nämlich schon bei gleichen Bedingungen in der Umgebung und Situation oft erstaunlich stark verändern kann, wie viel mehr wird das der Fall sein, wenn wir den Wein gemeinsam mit Speisen genießen, die ebenfalls um unsere ganze Aufmerksamkeit und die Gunst unserer Geruchs- und Geschmacksnerven werben und buhlen.

2. Sieben kleine Geschmackslaboratorien

WEINE UND SPEISEN IM TEST

Fünf exemplarische Weine und neun mögliche Partner

Die Weine der heutigen Verkostungsrunde sind Ihnen mittlerweile vertraut, wenn auch nur aus der recht unnatürlichen Situation der Degustationen. Das ist etwa so, wie wenn Sie einen Menschen mit dem Fernglas auf einem einsamen Spaziergang beobachten. Sie sehen ihn und seine Haltung, seine Bewegungen und sein Aussehen, und das verrät Ihnen sicher schon viel über sein Wesen. Der ganze Reichtum seiner Persönlichkeit entfaltet sich aber erst in der Begegnung. Dann wird er wach und reagiert, zeigt Zuneigung oder Ablehnung, ist vornehm höflich oder leutselig anbiedernd und so weiter. Ganz ähnlich verhält es sich auch beim Wein.

In dieser letzten Verkostungsrunde wollen wir die uns vom „einsamen Spaziergang" her bekannten Weine in der Gesellschaft von Lebensmitteln kennen lernen und ihre Reaktionen beobachten. Dazu haben wir sieben Tafelrunden zusammengestellt, an denen neben einigen Weinen auch ein paar Speisen Platz nehmen. Diese Gesellschaft lassen wir nun miteinander ins Gespräch kommen und sind sehr gespannt, was wir dabei entdecken werden. Nach jeder Runde ziehen wir einige Schlussfolgerungen, die (wie im richtigen Leben) nicht immer ganz eindeutig sein werden, aber vielleicht doch einige allgemeine Rückschlüsse auf das manchmal einfache, oft

WEINVERKOSTUNG

Für alle 5 Weine

Weinbezeichnung: **Rebsorte(n):** **Jahrgang:** **Preis:**

Klarheit: ☐ klar ☐ trüb Intensität: ☐ blass ☐ tief

weiß: ☐ grüngelb ☐ hellgelb ☐ goldgelb rosé: ☐ himbeer ☐ lachs rot: ☐ purpur ☐ rubin ☐ rotbraun

Bemerkungen: (z. B. Kirchenfenster/Rand-Kernzone)

Reintönigkeit: ☐ ja ☐ nein Intensität: ☐ dezent ☐ mittel ☐ intensiv

Aromaausprägung: ☐ fruchtig ☐ blumig ☐ pflanzlich/vegetativ ☐ würzig

Aromaspektrum:

Auftakt: ☐ weich ☐ spritzig Süße: ☐ trocken ☐ süß

Gerbstoffe: ☐ dezent ☐ deutlich ☐ dominant Körper: ☐ leicht ☐ mittel ☐ voll

Abgang: ☐ kurz ☐ mittel ☐ lang Kohlensäure: ☐ unangenehm/grob ☐ angenehm/erfrischend

Qualität: ☐ fehlerhaft ☐ gut ☐ sehr gut ☐ hervorragend Lagerfähigkeit: ☐ jetzt trinken ☐ lagern___Jahre

Bemerkungen:

jedoch auch recht komplizierte Verhältnis zwischen Speisen und Wein erlauben.

Zum Vorgehen

Weine und Speisen zusammen zu verkosten ist nicht ganz einfach. Schließlich füllt man sich den Mund ja nicht mit beidem gleichzeitig. Am besten nehmen Sie zuerst einen kleinen Schluck Wein, probieren dann das Gericht und spülen mit einem weiteren Schluck Wein nach. Es ist wichtig, den Gaumen nach jedem Versuchspaar mit reichlich Wasser zu neutralisieren. Lassen Sie sich Zeit und diskutieren Sie Ihre Eindrücke mit Ihren Freunden. Aber vergessen Sie dabei nicht, was Ihnen schmeckt. Das wissen nur Sie, denn die Geschmäcker sind seit eh und je ein treffliches Streitobjekt.

Geschmackslabor eins

Thema Fettarm und leichte Säure
Speisen Garnelen
Weine Riesling, Chardonnay, Spätburgunder, Bordeaux
Was man beobachten kann Garnelen haben in der Regel eine leichte Säure, die sich mit der Säure im Riesling und in einem leichten Spätburgunder gut verträgt. Der Chardonnay ist vielleicht etwas zu „süß" und fett für die delikaten „strukturbetonten" Meeresfrüchte, und beim Bordeaux erschlagen die Tannine die armen Tiere regelrecht. Zudem können wir wohl feststellen, dass sich Tannin und Säure schlecht vertragen. Sie hinterlassen ein bitteres Gefühl im Mund.

Geschmackslabor zwei

Thema Fett, mild (ev. leicht süß) und weich
Speisen Geflügelleberterrine
Weine Riesling, Chardonnay, Spätburgunder, Sauternes
Was man beobachten kann Das Fett der Terrine verlangt nach einem hohen Alkoholgehalt im Wein. Der Alkohol macht den Mund wieder frei, der Appetit kehrt zurück. Zudem fördert er die Fettverdauung. Der Chardonnay leistet das wohl am besten, seine vollmundige leichte „Süße" harmoniert besonders schön mit der ebenfalls „süßen" Geflügelleberterrine, und sein eher hoher Alkoholgehalt verstärkt diesen Eindruck weiter. Der Riesling steht mit seiner Säure eher im Kontrast zur Süße der Leber, was auch reizvoll sein kann. Das Gleiche gilt für den Spätburgunder. Mit dem Sauternes setzen wir den Akzent ganz auf die Süße. Da dieser Wein auch einen hohen Alkoholgehalt hat, kann er zu einer Geflügelleberterrine einen geradezu idealen Partner abgeben. Ein Klassiker ist daher die überaus üppige Gänseleberpastete mit Sauternes.

Geschmackslabor drei

Thema Fett und kräftig gewürzt
Speisen Salami
Weine Riesling, Spätburgunder, Bordeaux
Was man beobachten kann Der delikate Riesling kann gegen die starken Gewürze kaum ankommen. Das reiche Fett in der Salami braucht zudem einen Wein mit eher hohem Alkoholgehalt, was der Riesling eher nicht leistet. Das Tannin des Bordeaux dagegen verträgt sich sehr gut mit dem Fett. Stören könnte eventuell das Salz in der Wurst. Zu viel Salz lässt das Tannin bitter schmecken. Eine gute Wahl ist sicher auch der Spätburgunder. Seine Säure kann dem Fett Paroli bieten, und seine erdige Würze harmoniert wahrscheinlich gut mit den Gewürzen in der Salami.

Geschmackslabor vier

Thema Fettarmes, eiweißreiches helles Fleisch
Speisen Kalte Hühnerbrust
Weine Chardonnay, Spätburgunder, Bordeaux
Was man beobachten kann Das Fleisch ist

zart und delikat, dem Tannin des Bordeaux hat es nichts entgegenzusetzen. Wenn wir einen Rotwein wählen, so sicher den tanninarmen Spätburgunder, der mit den feinen Röstaromen aus der Geflügelhaut aromatisch gut harmoniert und mit seiner Säure die leichte Süße des Geflügelfleischs ausgleicht. Auch der Chardonnay passt wohl sehr gut, da er die milde Aromatik des hellen Fleischs schön fortsetzt.

Geschmackslabor fünf

Thema Fettarmes, eiweißreiches dunkles Fleisch
Speisen Roastbeef
Weine Chardonnay, Spätburgunder, Bordeaux
Was man beobachten kann Die kräftigen Aromen des roten Fleischs und die Röstaromen verlangen nach einem gehaltvollen Wein. Der weiche, „süße" Charakter des Chardonnay ist da kein echter Gesprächspartner. Spätburgunder und Bordeaux passen wohl beide sehr gut. Mit dem Bordeaux und seinen Tanninen unterstreichen wir eher die kräftige, von den Bitterstoffen der Bratearomen geprägte Seite des Roastbeefs. Obwohl Tannine und Röstaromen bitter sind, harmonieren sie so gut, als wären sie füreinander geschaffen. Die Säure des Spätburgunders dagegen mäßigt die Wirkung der Bitterstoffe und stellt damit eine ganz andere Beziehung her, die ebenfalls zu einer schönen Harmonie führen kann; zudem ist dieser Wein mit seinem etwas leichteren Körper für ein kaltes Gericht gut geeignet.

Geschmackslabor sechs

Thema Salz
Speisen Gruyère, Roquefort
Weine Spätburgunder, Bordeaux, Sauternes
Was man beobachten kann Salz und Tannin vertragen sich nicht besonders gut, das Tannin wird dadurch noch herber. Das gleiche gilt für Milcheiweiß und Tannin. Der Bordeaux mit seinem hohen Tanningehalt wird daher wohl deutlich schlechter abschneiden als der Spätburgunder. Entgegen der landläufigen Meinung ist die Kombination Rotwein-Käse also durchaus nicht unproblematisch. Gerade umgekehrt verhält es sich mit Salz und Süße. Diese bilden zusammen so etwas wie ein Traumpaar. Die Harmonie der beiden Käse mit dem Sauternes dürfte daher auch Sie überzeugen.

Geschmackslabor sieben

Thema Süße
Speisen Apfelstrudel oder Apfelkuchen
Weine Riesling, Sauternes
Was man beobachten kann Wenn der Riesling, wie in unserer Verkostung, trocken ist, wird er Ihnen in der Kombination mit der Süßspeise wohl zu sauer erscheinen. Versuchen Sie es ein anderes Mal mit einem Wein mit etwas Restsüße, zum Beispiel einer Auslese von der Mosel. Der Sauternes dagegen ist hier in seinem Element. Sehr schön kann man nun auch die beiden Möglichkeiten sehen, die sich in der Kombination von Süßweinen anbieten: mit dem salzigen Käse wirkt er als Kontrast-, hier mit der Süßspeise hingegen als Harmonieprogramm. Wahrscheinlich ist die Kombination mit dem Käse interessanter und spannungsreicher, denn zu der Süße des Strudels kann der Sauternes nichts wirklich Neues hinzufügen.

Zusammenfassung

Aus diesen Erfahrungen allgemeine Schlüsse zu ziehen ist nicht ganz einfach. Jedes Gericht besteht aus einer Vielzahl von Elementen, Aromen und Geschmacksnuancen und kann immer wieder eine andere Konsistenz haben. Es wird in der Realität von Saucen und Beilagen ergänzt. All dies steht in Wechselwirkung zueinander und mit dem Wein im Glas. Unser

Experiment in den sieben Laboratorien hat diese komplexe Wirklichkeit auszublenden versucht und nur ganz einfache Beziehungen aufgedeckt, die wir aber nach drei Kriterien näher beurteilen können: nach dem Geschmack, der Textur und der Intensität.

Geschmack Inzwischen haben wir schon häufig erfahren, dass es beim Geschmack um die Wahrnehmung von süß, sauer, salzig und bitter geht. Dabei konnten wir feststellen:

Säure verträgt sich gut mit moderater Säure und harmoniert mit Süße. Zu viel Säure hingegen verstärkt die saure Empfindung.

Tannin wird hart und bitter mit Salz und Säure. Tannin verträgt sich mit den Bitterstoffen der Röstaromen, das gilt aber nicht für alle Bitterstoffe in den Speisen. Oft harmonieren sie nicht.

Salz verträgt sich gut mit Süße, dabei spielt es keine Rolle, ob diese Süße vom Restzucker oder vom Alkohol stammt.

Süße harmoniert gut mit Säure und Salz.

Textur Unter der Textur verstehen wir die Art und Weise, wie unser Gaumen als Tastsinn den Wein (oder eben auch Speisen) wahrnimmt, das heißt, wie sie sich im Mund anfühlen. Wir haben gesehen, dass sich Gleiches am besten mit Gleichem verbindet: filigran mit filigran, schlank mit schlank, üppig mit üppig, schwer mit schwer. So war der Bordeaux beispielsweise eindeutig zu schwer für die feinen Garnelen, dafür passte der delikate Riesling bestens dazu. Andererseits war der Riesling zu feingliedrig für die üppige Fülle der Geflügelleberterrine, die dafür ausgezeichnet mit dem körperreicheren Chardonnay und dem opulenten Sauternes harmonierte.

Intensität Die geschmackliche Intensität der beiden Partner, Speise und Wein, sollte sich etwa entsprechen. Ein zu intensives Gericht kann einen eher delikaten Wein erschlagen. So hat der Riesling im Geschmackslabor drei keine Chance gegen die starken Gewürze der Salami. Das Umgekehrte geschieht im Labor eins, wo der Bordeaux nicht nur wegen seiner Textur, sondern auch wegen seiner Intensität nicht zu den Garnelen passt. Diese Ergebnisse unseres kleinen Experiments in der Retorte werden es nicht ganz einfach haben, sich in der bunten Welt des wahren Lebens zu bewähren, denn nicht einmal hier sind sie immer ganz eindeutig. Nehmen Sie dieses etwas frustrierende Resultat nicht zum Anlass für Ratlosigkeit, sondern als Chance für kreative Kombinationen und Experimente.

Falls Sie sich etwas eingehender mit diesem Thema befassen möchten, empfehlen wir Ihnen das kleine, im Hallwag-Verlag erschienene Werk von Bernd Kreis, „Essen und Wein, 400 und mehr gelungene Kombinationen".

3. Drei Stilfragen

GESCHMACK IST NICHT ALLES, ES BRAUCHT AUCH STIL

Einige Überlegungen, die uns weiterführen

Regionale Verwandtschaft

Die meisten Weine der Alten Welt und auch viele der Neuen sind eingebettet in eine regionale kulinarische Kultur. In der gleichen Region, unter dem gleichen Himmel und auf dem gleichen Boden wächst eine Vielzahl von Früchten und Gemüsen. Auf den Weiden und in den Ställen blöken, muhen, grunzen und gackern die Tiere des Hauses, und aus allem werden Speisen zubereitet, die oft auf alten regionalen Traditionen beruhen. Zu diesen Speisen passen die Weine der Gegend am besten. Oft stehen sie seit Jahrhunderten zusammen auf dem Tisch und sind zum Ausdruck der gemeinsamen Kultur geworden. Wenn Sie diese Verwandtschaft bei der Zusammenstellung der Weine und des Menüs berücksichtigen, gehen Sie auf Nummer sicher. Auf der anderen Seite gibt es natürlich auch die Anziehungskraft des Fremden, und gar nicht so selten entstehen über die Grenzen von Ländern und Kontinenten hinweg neue und ganz unerwartete Harmonien. So haben sich restsüße deutsche Rieslinge geradezu in die süßsauren Gerichte der asiatischen Küche verliebt und Elsässer Gewürztraminer und Muscats in die aromatischen Curry-Gerichte.

Gleiche Augenhöhe

Wein und Essen sollten nicht nur geschmacklich zusammenpassen, sondern sich auch von der Stilhöhe her etwa in die Augen sehen können. Bei einer Grillparty werden wir andere Weine mit an den Waldrand nehmen, als wir bei einem schönen Abendessen zu Hause oder gar bei einem festlichen Diner öffnen würden. Dabei geht es nicht darum, dass Turnschuhe – vom richtigen Mann getragen – nicht durchaus zu einem Abendanzug passen können. Aber erst wenn man diese Kombination bewusst plant, wird der Stilbruch zum raffinierten Geschehen. Doch auch in der Frage der Augenhöhe darf man wie bei allen Fragen und Antworten in dieser Verkostungsrunde nie auf sture Regeln setzen. Auch eine Mesalliance kann für einen Abend köstliche Reize besitzen.

Harmonie oder Kontrast

In den sieben Geschmackslaboratorien haben wir entdeckt, dass es im Grunde drei Möglichkeiten der geschmacklichen Beziehung zwischen Wein und Speisen gibt: die Harmonie, die Disharmonie und den Kontrast.

Die Harmonie Für unser Ziel, die Kombination von Wein und Speisen, ist das Verständnis für die Harmonie zwischen den beiden Partnern wohl am wichtigsten. Viele Menschen verbinden das Wort Harmonie mit einem leichten Anflug von Langeweile, denken an Partner, die die gleiche Sprache mit den gleichen Wörtern sprechen. Genau so ist es aber nicht. Der Wein nimmt auch in einer harmonischen Beziehung die Melodie der Gerichte auf und spielt sie auf seinem ganz anderen Instrument weiter. Den Gourmet entzückt dieses Duett der Stimmen, und er lauscht ihm (im Idealfall!) mit Neugierde und Bewunderung.

Die Disharmonie Ebenso wichtig wie das Verständnis für die Harmonie ist das Verständnis für die Unverträglichkeiten, die Disharmonie. Diese baut nicht Spannung auf, sondern ist zerstörerisch. Wir erleben die beiden Partner dabei weit unter ihrem Wert. Wir haben vorher in den Geschmackslaboratorien einige solche Disharmonien kennen gelernt. Man muss sie kennen, um sie zu vermeiden.

Der Kontrast Sehr genussvoll kann dagegen der Kontrast sein. Er bringt Gegensätze zum Schwingen. Erst durch das Dunkel im Hintergrund eines Bildes kann die Helligkeit im Vordergrund zu strahlen beginnen, erst das Forte in einem Musikstück lässt uns das Piano als Insel der Stille erleben. Genauso ist es auch beim Wein. Der Effekt ist aber eher die Ausnahme als die Regel. Spektakulär und schlagend sind die Kombinationen von Süßweinen mit salzigen Gerichten, insbesondere die im Geschmackslabor sechs erlebte Kontrastspannung zwischen Sauternes und Blauschimmelkäse. (Statt Sauternes kann es auch ein Portwein sein.) Diese eher raren Momente der knisternden Spannung gehören aber zu den Höhepunkten der Begegnung zwischen Speisen und Wein.

4. Wein und Wasser

DAS WICHTIGSTE GLAS AUF DEM TISCH IST DAS WASSERGLAS

Von der Bedeutung und der Wahl des richtigen Wassers

Auch wenn er noch so süffig ist, Wein ist kein Durstlöscher. Für diesen Zweck gibt es Wasser, weshalb auf jeden Tisch neben das Weinglas auch ein Wasserglas gehört. Wasser ist jedoch nicht gleich Wasser. Das Trinkwasser aus unseren Leitungen wird wie kaum ein anderes Lebensmittel dauernd streng kontrolliert und ist deshalb vom Standpunkt der Hygiene absolut einwandfrei. Es wird in der Regel aus Grundwasser und aufbereitetem Oberflächenwasser gemischt und schmeckt von Stadt zu Stadt und von Region zu Region etwas verschieden, mal besser, mal weniger gut. Kaum kommen wir in südlichere Länder, so ist es aus geschmacklichen Gründen oft kaum mehr trinkbar. Als Alternative bieten sich die zahlreichen Mineral- und Tafelwässer an, die im Handel erhältlich sind. Bei der Auswahl des Wassers und bei der Kombination von Wasser und Wein sollten Sie auf folgende Grundregeln achten:

- Stark mineralhaltiges Wasser betont die Gerbstoffe (Tannine) und die Säure im Wein.
- Wasser mit viel Kohlensäure oder säurebetontes Wasser (z. B. Säuerlinge aus vulkanischen Gebieten) unterstreicht ebenfalls die Gerbstoffe und die Säure.
- Weiches und basisches Wasser mildert den Gerbstoff- und Säureeindruck. Es kann aber auch die Aromen dumpf erscheinen lassen.
- Je neutraler das Wasser, desto besser begleitet es einen Wein und lässt ihm seine Eigenarten.

Das ideale Wasser enthält deshalb nur wenig oder keine Kohlensäure und ist geruchs- und geschmacksneutral. Wasser mit viel Kohlensäure wird am besten bei 16–18 °C serviert, leicht perlendes Wasser bei 13–14 °C und stilles Wasser bei 10–12 °C.

Wasser gehört bei jeder Degustation mit auf den Tisch.

Fasslager in Rioja, Spanien.

WEINWUNDER SPANIEN
Von der Tradition zur Moderne

► *von André Dominé*

KEIN ANDERES europäisches Weinland hat einen so radikalen Wandel vollzogen wie Spanien. Bis weit in die 1980er Jahre hinein bestimmten nicht selten fragwürdige, doch bis dahin nicht hinterfragte Traditionen den Weinbau. Doch vor 20 Jahren setzte eine Aufbruchstimmung ein, die das ganze Land erfasste und seine Weinwirtschaft revolutionierte. Spanien ist zu einem leistungsstarken Weinerzeuger geworden, der mit seinem vielseitigen und modernen Angebot den Ansprüchen jedes Weintrinkers gerecht werden kann.
Bis zum Ende des Franco-Regimes bestimmten zwei Strukturen die spanische Weinwirtschaft: private Großkellereien und Genossenschaften. Erstere verfügten in der Regel über keine oder nur geringe Rebflächen. Sie kauften von Weinbauern und Genossenschaften Trauben oder Jungweine und waren auf den Ausbau der Weine spezialisiert, ob es sich nun um trockene Tafelweine, Sherries oder Cavas handelte. Die Genossenschaften verkauften ihre Produktion zum überwiegenden Teil als Tankware an Großabnehmer und vermarkteten selbst nur Jungweine in kleinem Umfang, wenn überhaupt. Güter, die ihre eigenen Weine erzeugten, ausbauten und herausbrachten, waren eine seltene Ausnahme, sieht man von der Gruppe der *cosecheros* ab, Winzern, die einen Teil ihrer Lese zu *vino joven* vergoren, den sie in ihrer Region selbst verkauften und der – wie der Name sagt – jung getrunken wurde.
Die wichtigsten Veränderungen betreffen den Sektor der Tafelweine. Dort waren die Spanier und die Exportkunden daran gewöhnt, dass ihnen trinkreife Weine angeboten wurden. Die alteingesessenen Bodegas verfügten über immense Kellerhallen mit oft Tausenden, manchmal Zigtausenden von *barricas*, den kleinen, 225 Liter fassenden Eichengebinden. Diese wurden nur zu einem geringfügigen Teil erneuert, denn das Ziel des Ausbaus bestand in einer Harmonisierung der Weine durch den minimalen Luftaustausch, den die Dauben gewährleisten. Man verwandte fast ausschließlich Fässer aus der billigeren amerikanischen Eiche.
Die Bodegas griffen auf Weine unterschiedlicher Teilgebiete und bisweilen verschiedener Rebsorten für ihre Verschnitte zurück, bei denen sie Jahr um Jahr einen möglichst gleichen Charakter anstrebten. Je nach der Länge des Ausbaus – spanisch Crianza –, die gesetzlich festgelegt war, konnten die Weine in den Kategorien Crianza, Reserva und Gran Reserva erscheinen. Für Rotweine gelten folgende Bestimmungen, die von traditionellen Bodegas oft übertroffen werden:

- eine Crianza reift mindestens zwei Jahre, davon ein Jahr Minimum im Fass;
- eine Reserva muss drei Jahre reifen, ebenfalls mindestens ein Jahr in *barricas*;
- eine Gran Reserva verlangt fünf Jahre Ausbau, wobei der Wein ein Minimum von zwei Jahren im Holzgebinde verbringt.

Spanien ist zu einem leistungsstarken Weinerzeuger geworden, der mit seinem vielseitigen und modernen Angebot den Ansprüchen jedes Weintrinkers gerecht werden kann.

Weinreben bei Tarragona, Katalonien.

Das Bild der spanischen Weine im Ausland wurde von den auf diese Weise gereiften Riojas bestimmt, Rotweinen mit einer klaren Rubinfarbe, einem entwickelten Bukett, in dem Tertiäraromen wie Leder, Wildbret und Tabak die Fruchtnoten übertönen, und einem Eindruck am Gaumen, der von Ausgewogenheit, Weichheit und Eleganz geprägt ist. Bemerkenswert ist die in guten Jahrgängen oft außerordentliche Haltbarkeit dieser Weine.

Vorstoß in die Moderne

Rioja erhielt 1947 die Denominación de Origen, die spanische Herkunftsgarantie zuerkannt, Ribera del Duero dagegen erst 1982, denn unter Franco hatte der Weinbau in der kastilischen Spitzenregion weitgehend dem Getreideanbau weichen müssen. Mit der Anerkennung ging ein Aufschwung einher, der bis heute zur Neugründung zahlreicher Bodegas führte, von denen sich viele auf eigenen Weinbergsbesitz stützten. Die Newcomer konnten nicht auf ein bereits etabliertes Ausbausystem zurückgreifen, sondern mussten dieses erst aufbauen, ein kostspieliges, Kapital bindendes Unterfangen. Außerdem musste man neue *barricas* anschaffen. Aus der Not wurde eine Tugend, denn nachdem die Weine die notwendige Ausbauzeit im Eichenholz absolviert hatten und abgefüllt wurden, brachte man sie – bis auf seltene und besondere Ausnahmen – schnell in den Verkauf. Obwohl wie die Riojas zum überwiegenden Teil und nicht selten rein aus Tempranillo – der Tinta del País – gekeltert, zeigten sich die Riberas dunkler, fruchtbetonter, mit ausgeprägterer Holzwürze und strafferer Struktur – und erlebten einen sensationellen Erfolg. Damit überließ man es dem Kunden, den Wein bis zu seiner besten Trinkreife einzulagern.

Im Ausland fanden diese Weine reißenden Absatz, denn sie waren sozusagen Spaniens Antwort auf Bordeaux und Barolo. Im Inland ermutigte der Erfolg Winzer, sich selbstständig zu machen, zunächst in Ribera del Duero, dann in Rioja und anderswo. Dem Beispiel Bordeaux' folgend, zeigten die neuen Betriebe, dass das Château-Prinzip, nämlich Weine aus eigenen Weinbergen zu erzeugen und zu vermarkten, auch in Spanien funktioniert.

Damit richtete sich fast automatisch die Aufmerksamkeit auf die Weinberge und die Qualität der Trauben, einen Aspekt, dem im System der Großkellereien und Genossenschaften deutlich weniger Beachtung zukam. Inzwischen wurden die ersten Weine abgefüllt, die aus ganz bestimmten Rebparzellen stammen und das Terroir-Prinzip hervorkehren, das bislang in Spanien keine Rolle spielte.

Ein anderes Ereignis gab den Winzern neue Impulse: der Aufstieg des Priorat. Eine Gruppe von Freunden hatte im bergigen Hinterland Tarragonas eine Anbauregion wiederentdeckt, die in Vergessenheit geraten war. Dort kelterten sie aus Trauben uralter Garnacha- und Cariñena-Stöcke, die auf hoch gelegenen Schieferterrassen wuchsen, herausragende Weine von ungeheurer Dichte und Kraft. Nicht nur führten deren internationale Erfolge zu einer Renaissance des Gebiets, sie inspirierten Winzer dazu, in anderen Regionen Spaniens ebenfalls nach alten Reben und besonderen Lagen Ausschau zu halten. Ein Prozess, der auch in Zukunft für Überraschungen sorgen wird.

Nicht vergessen sollte man, dass sich in den letzten 20 Jahren alle Kellereien des Landes mit moderner Technik ausgerüstet haben. Oft wurde auch der Sortenbestand erneuert und der internationalen Nachfrage angepasst. Dadurch machte – um ein besonders beredtes Beispiel zu nennen – eine Region wie La Mancha einen Sprung vom Mittelalter in die Neuzeit und bietet heute moderne, fruchtige Weine zu konkurrenzfähigen Preisen. Spanien, das Land mit dem größten Rebbestand der Welt, ist dabei, sein eigenes Potenzial zu verwirklichen.

Dadurch machte La Mancha einen Sprung vom Mittelalter in die Neuzeit und bietet heute moderne Weine zu konkurrenzfähigen Preisen. Spanien, das Land mit dem größten Rebbestand der Welt, ist dabei, sein eigenes Potenzial zu verwirklichen.

Kopiervorlage für alle Stillweine

WEINVERKOSTUNG

▶ *Wein Nr.*

Weinbezeichnung: **Anbaugebiet:** **Qualitätsstufe:**

Rebsorten(n): **Produzent:** **Jahrgang:** **Preis:**

Klarheit: ☐ klar ☐ trüb Intensität: ☐ blass ☐ tief

weiß: ☐ grüngelb ☐ hellgelb ☐ goldgelb rosé: ☐ himbeer ☐ lachs rot: ☐ purpur ☐ rubin ☐ rotbraun

Bemerkungen: (z. B. Kirchenfenster/Rand-Kernzone)

Reintönigkeit: ☐ ja ☐ nein Intensität: ☐ dezent ☐ mittel ☐ intensiv

Aromaausprägung: ☐ fruchtig ☐ blumig ☐ pflanzlich/vegetativ ☐ würzig

Aromaspektrum:

Auftakt: ☐ weich ☐ spritzig Süße: ☐ trocken ☐ süß Säure: ☐ niedrig ☐ mittel ☐ hoch

Gerbstoffe: ☐ dezent ☐ deutlich ☐ dominant Körper: ☐ leicht ☐ mittel ☐ voll

Abgang: ☐ kurz ☐ mittel ☐ lang Kohlensäure: ☐ unangenehm/grob ☐ angenehm/erfrischend

Qualität: ☐ fehlerhaft ☐ gut ☐ sehr gut ☐ hervorragend Lagerfähigkeit: ☐ jetzt trinken ☐ lagern___Jahre

Bemerkungen:

Kopiervorlage für alle Schaumweine

WEINVERKOSTUNG

▶ *Wein Nr.*

Weinbezeichnung: **Anbaugebiet:** **Qualitätsstufe:**

Rebsorten(n): **Produzent:** **Jahrgang:** **Preis:**

Klarheit: ☐ klar ☐ trüb Intensität: ☐ blass ☐ tief

weiß: ☐ grüngelb ☐ hellgelb ☐ goldgelb rosé: ☐ himbeer ☐ lachs rot: ☐ purpur ☐ rubin

Schaum: ☐ grob ☐ cremig Perlen: ☐ grob ☐ feinperlig

Reintönigkeit: ☐ ja ☐ nein Intensität: ☐ dezent ☐ intensiv

Aromaausprägung: ☐ fruchtig ☐ blumig ☐ pflanzlich/vegetativ ☐ würzig

Aromaspektrum:

Auftakt: ☐ weich ☐ spritzig Süße: ☐ trocken ☐ süß Säure: ☐ niedrig ☐ mittel ☐ hoch

Gerbstoffe: ☐ dezent ☐ deutlich ☐ dominant Körper: ☐ leicht ☐ mittel ☐ voll

Abgang: ☐ kurz ☐ mittel ☐ lang Kohlensäure: ☐ unangenehm/grob ☐ angenehm/erfrischend

Qualität: ☐ fehlerhaft ☐ gut ☐ sehr gut ☐ hervorragend Lagerfähigkeit: ☐ jetzt trinken ☐ lagern___Jahre

Bemerkungen:

Glossar

A

Abbeeren
Siehe Entrappen.

Abgang, Nachhall, Finale
Nachgeschmack nach dem Schlucken. Die Nachhaltigkeit (Dauer und Intensität) des Abgangs ist ein zuverlässiger Hinweis auf die Qualität eines Weins. Man spricht von kurzem, langem oder nachhaltigem Abgang.

Abstechen, Abstich
Umfüllen des Weins von einem Fass oder Tank in einen anderen Behälter, um ihn vom Bodensatz zu trennen.

Adstringierend
Zusammenziehend. Ein durch Gerbstoffe (Tannine und Säure) hervorgerufener, trockener Geschmackseindruck im Mund. Besonders bei jungen Rotweinen.

Alkohol, Ethanol
Hefepilze verwandeln den Fruchtzucker der Traubenbeeren während der Gärung in Alkohol. Er löst die Aromastoffe aus den Beeren und konserviert den Wein. Die meisten Weine enthalten zwischen 10 und 14 % Alkohol. Bei verstärkten Weinen geht der Gehalt bis 22 %. Man misst ihn meist in Vol.-%, oft auch als Grad (°) bezeichnet, oder in g/l.

Anreichern
Zugabe von Zucker zum Most vor der Gärung, um den Alkoholgehalt zu erhöhen. Auch Chaptalisieren. Menge und Zeitpunkt dieser Zugabe sind gesetzlich geregelt.

Apfelsäure
Säure von unreifen Trauben. Kann in schlechten Jahren hart und unangenehm sein, gibt Weißwein aber oft auch eine willkommene Frische. Im Rotwein ist sie immer unerwünscht.

Assemblage
Mischung verschiedener Weine aus derselben Region.

Aufspriten
Siehe Spriten.

Auftakt
Erste Phase der Geschmacksprüfung. Sie ist vor allem durch den Weichkomplex geprägt.

Ausbau
Alle spontanen Vorgänge und kellertechnischen Maßnahmen zwischen Vergärung und Abfüllung. Insbesondere auch die Reifung im Fass und im Tank.

Ausgewogen, ausgeglichen
Ein Wein ist ausgewogen oder ausgeglichen, wenn zwischen den wichtigsten Komponenten (Säure, Süße, Alkohol, Duftaromen, Frucht, Tannin usw.) ein harmonisches Gleichgewicht besteht.

Autochthone Rebsorten
Rebsorten, die nur in einem eng begrenzten Gebiet vorkommen.

B

Barrique
Kleines Eichenfass von 225 Litern Volumen. Sein Ursprung liegt im Bordelais, heute wird es auf der ganzen Welt für hochwertige moderne Weine verwendet. Neue Barriques schenken dem Wein vielfältige Aromen (Röst-, Vanilletöne).

Bodensatz
Siehe Depot.

Botrytis cinerea (Edelfäule, Grauschimmel)
Besonders bei Süßweinen erwünschter Schimmelpilz, der den voll ausgereiften Trau-

ben Wasser entzieht und dadurch Zucker, Säure und Aromastoffe konzentriert. Bei noch unreifen Trauben bewirkt er die gefürchtete Graufäule.

Bouquet, Bukett
Bei jungen Weinen spricht man von Duft und Aroma, um die Gesamtheit der Geruchseindrücke zu beschreiben, bei reifen Weinen eher von Bouquet.

C

Chaptalisieren
Siehe Anreichern.

Charakter
Wein mit einem individuellen eigenständigen Profil und Ausdruck.

Cru, Gewächs
Herausragende und (offiziell) höher klassifizierte Weinbergslage mit eigenem Charakter.

Cuvée
Beim Champagner: Assemblage der verschiedenen Grundweine. Sonst auch Bezeichnung für eine bestimmte Abfüllung.

D

Degustieren
Systematisches Verkosten, Beschreiben und Beurteilen von Wein und anderen Nahrungsmitteln.

Dekantieren
Umgießen des Weins aus der Flasche in eine Karaffe, um ihn zu belüften oder vom Depot zu trennen.

Depot
Ablagerung in der Flasche, besonders bei hochwertigen Rotweinen nach längerer Lagerung. Auch Bodensatz genannt.

Destillation
Verfahren zur Trennung von zwei Flüssigkeiten mit unterschiedlichem Siedepunkt. Beim Destillieren (Brennen) von Wein sind es die beiden Flüssigkeiten Alkohol (Siedepunkt 78,3 °C) und Wasser (Siedepunkt 100 °C).

Diabetikerwein
Trockener Wein mit maximal 4 Gramm Restzucker, 150 Milligramm schwefliger Säure und 12 Vol.-% Alkohol.

Duft
Siehe Bouquet.

E

Edelfäule
Siehe Botrytis cinerea.

Entrappen, Abbeeren
Meist maschinelle Trennung der Beeren von den Stielen (Rappen, Kämme) vor dem Mahlen oder Pressen.

Entwicklung
Zweite Phase in der Geschmacksprüfung. Sie ist vor allem durch den Strukturkomplex geprägt.

Ertrag
Bezeichnet die in einem Weinberg pro Jahr erzeugte Menge an Wein in Hektolitern pro Hektar (hl/ha). Mit steigendem Ertrag sinkt die Qualität. Für Weine höherer Qualität gelten oft gesetzliche Maximalerträge.

Erzeugerabfüllung
Der Wein wurde vom Produzenten aus selbstgewonnenen Trauben gekeltert und im eigenen Betrieb abgefüllt. (fr. „Mise en bouteille à la propriété“ oder „au château“, it. „Imbottigliato all’origine“, engl. „Estate bottled“).

Extrakt
Die im Wein gelösten Inhaltsstoffe bleiben als Rückstand nach dem Verdampfen von Wasser und Alkohol zurück. Dazu gehören Zucker, Säuren, Glycerin, Mineralien usw. Hohe Extraktwerte sind ein Zeichen für Qualität.

F

Finesse
Bezeichnung eines feinen, vornehmen und eleganten Charakters.

Flaschengärung
Klassisches, in der Champagne entwickeltes Verfahren zur Herstellung hochwertiger Schaumweine. Dabei wird dem durchgegorenen Grundwein bei der Abfüllung in die Flasche eine Zucker-Hefe-Mischung zugesetzt, die dann in der geschlossenen Flasche vergärt. Die dabei entstehende Kohlensäure kann nicht entweichen und löst sich im Wein.

G

Gaumenwahrnehmung
Gesamtheit der Geschmacks- und Tasteindrücke im Mund. Man unterscheidet den Auftakt, die Entwicklung und den Abgang.

Gerbstoffe (Tannine)
Gerbstoffe stammen aus der Traube (Schalen, Kernen, Stielen) selbst oder aus dem Holz des Fasses. Sie bewirken im Mund ein adstringierendes Gefühl. In Weißweinen sind die bitter schmeckenden Gerbstoffe in der Regel unerwünscht. Bei Rotweinen tragen sie jedoch wesentlich zur Struktur bei. Sie konservieren den Wein und sind daher für eine längere Lagerung unerlässlich.

Geschmack
Die Zunge nimmt die nichtflüchtigen Geschmacksstoffe im Wein auf. Es sind dies: Süß, sauer, salzig und bitter.

Gewächs
Siehe Cru.

H

Halbtrocken
In der EU geregelte Bezeichnung für Weine bis 18 Gramm Restzucker pro Liter.

Hefe
Hefen sind kleine pflanzliche Einzeller, die den Zucker der Trauben in Alkohol und Kohlensäure verwandeln. Wir unterscheiden wilde Hefen und Zuchthefen. Die wilden Hefen kommen in den Weinbergen und im Keller natürlicherweise vor und sind oft typisch für ein bestimmtes Gebiet. Der Winzer pflegt ihre Erhaltung, indem er die Pressrückstände wieder in den Weinberg bringt. Ihre ausschließliche Verwendung birgt aber gewisse Risiken. Die Gärung kann zum Beispiel plötzlich steckenbleiben, bevor der Zucker so weit vergoren ist, wie der Kellermeister dies wünscht. Weit kontrollierter verläuft der Gärprozess, wenn der Winzer Zuchthefen (Reinzuchthefen, Kulturhefen) verwendet. Die Weine können dabei aber etwas von ihrer Typizität verlieren.

Hektar (ha)
10 000 Quadratmeter.

Hektoliter (hl)
100 Liter.

Harmonie
Balance zwischen Süße, Säure, Extrakt und Alkohol bzw. zwischen Struktur und Körper.

K

Kater, Kopfschmerzen
Mögliche unerwünschte Folgeerscheinung nach (übermäßigem) Weingenuss. Verursacht werden die Kopfschmerzen vor allem durch

die Methylalkohole, die allerdings nur etwa 0,5 % des Gesamtalkoholgehalts im Wein ausmachen. Die Wirkung lässt sich vermeiden oder mindern, wenn man genügend Wasser trinkt.

Kirchenfenster
Die nach dem Schwenken am Glas herablaufenden wasserklaren „Tränen“. Sie deuten auf viel Extrakt, besonders auf Alkohol und Glycerin hin. Je enger, „gotischer“, die Kirchenfenster sind, umso höher ist der Extraktgehalt.

Klon
Genetisch identische Rebpflanze. Man gewinnt Klone durch vegetative Vermehrung (Stecklinge, Absenker, Pfropfen) und nicht durch die Aussaat von Traubenkernen. Mit der Klonselektion versucht man die Klone mit den besten Eigenschaften für die weitere Vermehrung auszuwählen

Kohlensäure
Bei der Gärung entsteht das Gas Kohlendioxid, das in der Regel zum größten Teil entweicht. In Schaum- und Perlweinen wird es aber unter Druck im Wein als Kohlensäure gelöst. Bei jungen Weißweinen ist ein kleiner Anteil ebenfalls erwünscht, bei Rotweinen hingegen eher ein Hinweis auf eine fehlerhafte Nachgärung in der Flasche.

Komplex
Ein Wein der reich ist an verschiedenen Nuancen in Duft und Geschmack.

Körper
Die Extraktstoffe und der Alkohol verleihen dem Wein Gewicht und Geschmack. Man nennt diesen Eindruck Körper. Er kann mager, kräftig, mächtig, aber auch plump sein.

L

Lieblich
Umgangssprachlich. Süßer als halbtrocken (18–45 g/l Restzucker) und säurearm.

M

Maische
Mus von zerquetschten Trauben mit Saft, Schalen und Beeren.

Maischegärung
Die Gärung erfolgt, bevor der Most von den Schalen (Beerenhäuten) getrennt wurde. Bei Rotweinen das übliche Verfahren.

Maischestandzeit
Die Dauer des Kontakts zwischen Most (Traubensaft) und Beerenhäuten (Schalen). Sie entscheidet über die Farbintensität und den Gerbstoffgehalt von Rotweinen.

Milchsäure
Milde Säure in Rot- und vielen Weißweinen. Sie entsteht aus der Apfelsäure durch die zweite oder malolaktische Gärung, einem bakteriellen Prozess.

Most
Traubensaft nach der Pressung, noch unvergoren oder schon in Gärung.

Mostgärung
Die Gärung erfolgt nachdem der Most von den Beerenhäuten abgepresst wurde. Bei den Weißweinen übliches Verfahren.

Mostgewicht
Gehalt des Mostes an natürlichem Zucker. Wird in Deutschland und in der Schweiz in Oechslegraden gemessen, in Österreich in KMW (Klosterneuburger Mostwaage). Ein KMW entspricht etwa fünf Oechsle.

O

Oechsle
Maßeinheit für das Mostgewicht, woraus man auf den Zuckergehalt der Trauben schließen kann.

Oenologie
Lehre vom Wein.

Ölig
Viskös, glycerinhaltig.

Oxidation
Veränderung des Weins durch die Wirkung von Sauerstoff. Ein oxidierter Wein ist durch übermäßigen Luftkontakt flach, schal und braun geworden. Bei einigen Süßweinen ist Oxidation ein notwendiges Geschmackselement.

P

Passito
Italienische Bezeichnung für Weine aus teilgetrockneten Trauben.

Parfümiert
Aufdringlich duftend.

Primäraromen
Aromen, die direkt aus der Traube stammen. Siehe auch Sekundär- und Tertiäraromen.

R

Rassig
Weine mit frischer, kräftiger Säure.

Reblaus
Die Reblaus ist ein kleines Insekt, das die Wurzeln der Rebe befällt und die ganze Pflanze in kurzer Zeit zum Absterben bringt. Sie stammt aus Amerika und trat erstmals in Frankreich im Jahr 1863 auf. In den folgenden 70er und 80er Jahren breitete sie sich über ganz Europa aus und vernichtete praktisch alle Rebberge. Das einzig wirklich wirksame Gegenmittel wurde in den 80er Jahren gefunden und ist bis heute allgemein verbreitet: Man pfropft die edlen europäischen Rebsorten auf Wurzelstöcke amerikanischer Rebsorten auf, die gegen dieses Insekt resistent sind. Nur ganz wenige abgelegene Regionen der Welt können auf diese Methode ganz oder teilweise verzichten: z. B. Australien, Chile und Argentinien.

Reinsortig, sortenrein
Wein, der aus einer einzigen Rebsorte gekeltert wurde.

Restsüße (Restzucker)
Zuckergehalt im fertigen Wein, der durch die Gärung nicht in Alkohol umgewandelt oder als Süßreserve beigefügt wurde.

S

Schönen
Die feinen Schwebstoffe im Wein können durch Einbringen einer gerinnenden Substanz ins Fass (meist Eiweiß) nach unten „abgefiltert" werden.

Sekundäraromen
Aromen die bei der Traubenverarbeitung und während der Gärung entstehen. Siehe auch Primär- und Tertiäraromen.

Solera
System zum Verschneiden von Weinen aus verschiedenen Jahrgängen. In einer mehrstöckigen Fasspyramide wird der jüngste Wein in die oberste Reihe eingefüllt und der fertige Wein aus der untersten entnommen. Vor allem bei der Sherry-Produktion üblich, aber auch bei vielen anderen süßen und verstärkten Weinen angewandtes Verfahren.

Sortenrein, reinsortig
Wein aus nur einer Rebsorte.

Spriten, Verstärken
Einen Wein mit Alkohol anreichern (Port, Sherry).

Spritzig
Junger, angenehmer Wein mit Restkohlensäure.

Stillwein
Wein ohne wesentlichen Anteil an Kohlensäure. Gegensatz: Schaumwein, Perlwein.

Struktur
Innere Architektur des Weins. Sie baut sich vor allem aus den Elementen Säure und Tannin auf. Das Wort wird aber auch zur Bezeichnung des taktilen Eindrucks verwendet, den der Wein im Mund hervorruft.

Süßreserve
Unvergorener (süßer) Most, der dem fertig vergorenen Wein zugefügt wird.

T

Tankgärung, Charmat-Verfahren
Methode zur Herstellung von Schaumweinen. Im Gegensatz zur Flaschengärung erfolgt die zweite Gärung nicht in der Flasche, sondern in einem Drucktank.

Tannin
Siehe Gerbstoffe.

Terroir
Die Gesamtheit der Faktoren, die an einem bestimmten Ort auf den Wein einwirken, nennt man Terroir. Es umfasst Boden, Lage und Klima genauso wie den menschlichen Faktor Tradition. Das Zusammenwirken aller dieser Elemente schenkt dem Wein seinen einmaligen, unverwechselbaren Charakter. Man spricht dann auch von Terroirweinen.

Tertiäraromen
Aromen, die erst durch die Lagerung des Weins im (Holz-)Fass und in der Flasche entstehen. Siehe auch Primär- und Sekundäraromen.

Textur
Textur ist die Art wie unser Gaumen als Tastsinn den Wein wahrnimmt, das heißt wie er sich im Mund anfühlt.

Trester
Ausgepresste Schalen, Kerne (und Stiele) der Trauben.

Trocken
Der Wein hat wenig Restzucker. Das Gegenteil ist „lieblich“.

V

Verschlossen
Weine, die ihre wahre Qualität (noch) nicht zeigen, weil sie zu jung sind, sich in einer Entwicklungsphase befinden oder gerade erst transportiert wurden.

Verschnitt
Mischung von Weinen aus verschiedenen Traubensorten, Lagen, Regionen oder Jahrgängen.

Verstärken
Siehe Spriten.

W

Weinstein
Ablagerung von Weinsäurekristallen am Korken oder in der Flasche von Weißweinen. Weinstein ist kein Fehler.

Register

Bildnachweis

Fotos: Armin Faber S. 13, S. 21, S. 23, S. 24, S. 25, S. 26, S. 33, S. 34, S. 40, S. 56, S. 70, S. 72, S. 81, S. 82, S. 84, S. 94, S. 118, S. 120; Bilderberg/Frieder Blickle S. 85; Bilderberg/Jörn Sackermann S. 54; Stefan Braun S. 6, S. 8, S. 9, S. 10, S. 30, S. 44, S. 58, S. 74, S. 86, S. 98, S. 110, S. 122, S. 129; Cephas/Nigel Blythe S. 106; Cephas/Kevin Judd S. 2, S. 37, S. 109; Cephas/Mick Rock S. 96, S. 105, S. 108, S. 130; Cephas/Ian Shaw S. 42; Cephas/Stephen Wolfenden S. 69; Corbis/Owen Franken S. 63; Stockfood/Nigel Blythe S. 28; Stockfood/D. Mewes S. 52; Stockfood/Mick Rock S. 48, S. 132; Weinfarben: Stefan Braun, Jens Bürde; Grafiken S. 20, 92 und Umschlagfotos: VINIVERSITAET.

Impressum

Programmleitung: Dorothee Seeliger
Projektleitung und Redaktion:
Marc Strittmatter
Lektorat: Cornelia Schinharl
Bildredaktion und Redaktionsassistenz:
Dagmar Reichel
Korrektorat: Renate Haen
Gestaltung Umschlag: KMS Team, München
Konzeption Innenlayout: Independent Media Design, Kathrin Schemel, München
Herstellung: Markus Plötz
Gestaltung Innenlayout und Satz:
Satu Steiner, München
Druck: Appl, Wemding
Bindung: Laumer, Pfarrkirchen

HALLWAG ist ein Unternehmen der GRÄFE UND UNZER VERLAG GmbH, München, GANSKE VERLAGSGRUPPE.

leser-service@hallwag.de
www.hallwag.de

ISBN (10) 3-8338-0026-7
ISBN (13) 978-3-8338-0026-9

Hallwag

GRÄFE UND UNZER
Ein Unternehmen der
GANSKE VERLAGSGRUPPE